Dr. med. W. Schultz-Friese/Margot Monnier

Rezepte für eine krebsfeindliche Vollwertkost

Mit einer ärztlichen Einführung über Krebsursachen, Früherkennung, Krebsvorbeugung und Krebszusatzbehandlung

Bircher-Benner Verlag GmbH, Friedrichsdorf/Ts.

Gewidmet

den

Pionieren einer biologischen Krebsbehandlung

Dr. med. Max Oskar Bircher-Benner †
Prof. Dr. med. Enderlein †
Dr. med. Ferenczi
Dr. med. Max Gerson †
Dr. Gleichmann †
Dr. med. Josef Issels
Dr. Heinrich Jung †
Prof. Dr. med. William Frederick Koch †
Prof. Dr. med. Werner Kollath †
Dr. med. Johannes Kuhl †
Dr. med. Leroy †
Prof. Dr. med. Lickint †
Prof. Dr. med. Erwin Liek †
Dr. H. H. Reckeweg †
Dr. med. Salzborn †
Dr. med. Douwes
Prof. H. Schmidt
Dr. med. Seeger
Prof. Dr. med. Warburg †
Prof. Dr. Werner Zabel †
Dr. med. Windstosser

11. Auflage 2000

Druck: Druckerei Neubert, Bayreuth

Inhaltsverzeichnis

Vorwort

Dieses Büchlein ist in erster Linie für Laien geschrieben. Es soll sie einerseits über den Krebs als Krankheit kurz informieren, sie zum anderen über die Möglichkeiten unterrichten, die eine biologische Best-Kost bzw. Diät dem Einsichtigen und dem Vernünftigen anbietet. Die dargestellte Ernährungsform möchte dem Krebsleiden vorbeugen und nach Operationen und evtl. Röntgen- und Radiumbestrahlung als weiterführende *Basisbehandlung* den momentanen Zustand stabilisieren und Rückfälle verhüten. Schließlich könnte sie wesentlich dazu beitragen, das vielleicht nicht mehr aufschiebbare Ende zu erleichtern und erträglich zu gestalten. „Die Not der Kranken schreit gen Himmel." Trotz unserer vielfachen großartigen Erfolge bei anderen Krankheiten, vor allem der infektiösen, gilt dieses Wort des großen Paracelsus aus der Zeit vor ca. 500 Jahren leider noch vielfach für die Krebskranken. Man bedenke: die Zahl dieser Kranken nimmt zu; jeder muß sich bedroht fühlen, da laut einwandfreier Statistik bei Fortdauer der jetzigen zivilisatorischen Verhältnisse jeder Vierte an einem Krebsleiden erkranken wird. Von diesen vielen kann aber bestenfalls bisher nur jeder Zweite gerettet werden. So sollte ein Bemühen entstehen, außer Stahl und Strahl, d. h. Operation und Bestrahlung, zumindest *zusätzliche* helfende Methoden zu entwickeln, die außer dem Angriff auf die örtliche Geschwulst eine gesundende Umstellung des Krebs-Wirtes, also des ganzen Menschen, bezwecken müßte.

Die Ernährungsumstellung wird nun als eine solche Methode der Generalumstellung betrachtet. Das hat sich auch bei den Laien bereits herumgesprochen. So fragt der Kranke bei Verlassen des Krankenhauses, nachdem Operation und Röntgen- bzw. Radiumbestrahlung hinter ihm liegen, immer wieder, ob nun eine besondere Kostform erforderlich würde. Daraufhin erfolgt meist die Antwort (falls nicht eine Operation im Magen-Darm-Bereich voranging): „Sie können alles essen, was Sie möchten. Ihr Krebs hat mit der Ernährung nichts zu tun." Bei vorangegangenem Krebs der Atemwege sagt man im besten Falle dazu: „Das Rauchen müßten Sie besser einstellen." So wird das Leben in derselben falschen Richtung weitergeführt, die schon einmal maßgeblich an der Bildung einer bösartigen Geschwulst beteiligt war. Der denkende Mensch der heutigen Zeit aber spürt, daß hier etwas in der Medizin nicht ganz stimmen kann. Für eben diesen denkenden Menschen, der begriffen hat, daß ein so bedrohliches Leiden wie der Krebs ihn zu einer Sinnesänderung, zu einer tätigen Umkehr seiner Lebensweise auffordert, sind diese Zeilen gedacht.

Nach Einsicht in das Wesen des Krebses, nach knapper Darstellung seiner ersten Krankheitszeichen und der von ihm ausgehenden Gefahren und Schilderung seiner verschiedenen Ursachen möge ihm dies Büchlein vor allem zu der für ihn notwendigen Erkennis führen, daß die Ernährung der einzigartig bedeutsame Lebensfaktor ist, den er selber weitgehend bestimmen kann. Für diese Ernährung sollte das Grundgesetz von Santo gelten: „Leben kann nur durch lebendige Substanz erhalten werden." Also lebendige Nahrung statt Chemie.

Die nachfolgenden bewährten Rezepte einer anerkannten Ernährungsberaterin möchten diese Grundanschauung in die Praxis des täglichen Lebens für alle vom Krebsgeschehen irgendwie Betroffenen heilsam einführen.

Dr. Schultz-Friese

Vorwort zur 5. Auflage

Krebsalarm! Laut Statistik starben im Jahr 1955 etwa 95 000 Bundesbürger an den verschiedenen Krebsarten, 1975 jedoch bereits rund 150 000, d. h. pro Jahr 55 000 Krebstote mehr und das bei einer zahlenmäßig ungefähr gleichbleibenden Bevölkerung und das trotz Milliarden Investitionen. Dieses offenkundige Versagen der offiziellen Krebsmedizin führte zu dem vielfachen Wunsch eines weitgestreuten Laienpublikums sich über **alternative** natürliche Heilmethoden ohne Schädigung durch Röntgen- und Kobalt-Bestrahlung sowie Cytostatika zu orientieren. Der Zeitungs- und Illustriertenleser ist heute mehr denn je über solche vielfachen Schäden wie Haarausfall, evtl. Schädigungen von Herz, Nerven und Lungen, sowie evtl. innere Blutungen unterrichtet. Durch diese Erkenntnisse steht das breite Publikum den bisher üblichen Heilmethoden skeptisch gegenüber. Man weiß: diese Art der Behandlung schädigt nicht nur die Krebszelle, sondern auch den ganzen Menschen. Aus diesem Mißtrauen entstanden bereits bundesweit organisierte Selbsthilfegruppen wie z. B. die Vereinigung von brustamputierten Frauen und Anus Praeter (Stoma)-Trägern usw. zur gegenseitigen Beratung und Hilfe.

Bei der offiziellen Krebsmedizin ist man sich inzwischen darüber klar, daß man mit der bisherigen Therapie in eine Sackgasse geraten ist. Auf einem der letzten großen Krebskongresse wurde festgestellt, daß die Überlebenschancen der Krebskranken gerade bei den zahlenmäßig überwiegenden wie Magen-, Brust- und Prostatakrebs in den letzten 20–30 Jahren trotz äußerster Verfeinerung und Vollendung der Diagnostik und der Operationstechniken sich nicht gebessert haben. Es hieß, man muß nun nach neuen Methoden suchen und denkt dabei u. a. an die Verhinderung von Metastasen nach Operationen. So wurde von einem bekannten Onkologen sogar vorgeschlagen, man müsse zur Vermeidung von Krebsabsiedlungen (Metastasen) durch operationsbedingte Streuung schon vorher weitumfassend das Operationsgebiet durch Röntgenbestrahlungen absichern. Der Schaden durch die Strahlenbelastung mit seiner weiteren Minderung der Abwehrkraft dürfte aber bedeutungsvoller als der mögliche Nutzen sein.

Nachdem die häufig in ihren Laboratoriums- und Tierversuchen steckengebliebene offizielle Medizin keine wesentlichen *weiterführenden* Wege zur Heilung der Krebskranken aufzeigen konnte, sucht der Kranke nach irgendwelchen naturgemäßen Heilwegen.

Auf diese Weise sind beispielsweise bekanntgeworden die Petroleumheilerin/Innsbruck, Johann Bayerle/Salzburg, der zuletzt nur noch von Ärzten überwiesene Patienten annahm, und der Natursäfteheiler Breuss aus Vorarlberg. Das Buch von Dr. Gerson „Eine Krebstherapie" ließ auch die Ärztewelt aufhorchen, da hier eine Dokumentation über 50 Krankengeschichten von zunächst aussichtslosen und schließlich mit einer spziellen Diät und Medikation dennoch geheilten Patienten eindrucksvoll vorliegt. Neuerdings alarmierte das Krebsmittel des ungarischen Forschers Dr. I. Beres die Öffentlichkeit. Gute Erfolge werden mit ihren Methoden einerseits offenkundig von allen genannten Behandlern überzeugend und gerade bei vorher aufgegebenen Krebskranken berichtet, aber andererseits dürfte nicht jede Krebserkrankung mit einer solchen Methode erfolgreich bekämpft werden können. Die Universalmethode für alle dürfte also trotz schätzenswerter Einzelerfolge auch bei den Außenseitern nicht zu finden sein. Ob sich ihre Methoden sonst nicht schon durchgesetzt hätten?

Nach welcher Richtung hin soll sich schließlich der von der offiziellen Medizin enttäuschte Krebskranke wenden? Er soll wissen, dem biologischen Arzt stehen vielerlei Möglichkeiten der Behandlung zur Auswahl. Welche? Wenn man die Leitlinie dieses Buches bei genauem Studium erfaßt hat, dürfte man zunächst die Notwendigkeit der **richtigen** Ernährung, weiter die erforderliche Entgiftung über den Darm usw. und die Beseitigung von Krankheitsherden, wie toten Zähnen z. B., mit den erforderlichen Konsequenzen vor sich sehen.

Die schwierige Frage der zusätzlichen Medikamente sollte auch vom biologischen Arzt beantwortet werden können. Wie? Also welches, vielleicht ausgefallene Medikament kann gerade diesem Krebskranken helfen? Welches z. B. von den Mistelpräparaten Plenosol, Iscador oder Helixor kommt in Frage? Oder vielleicht ein Heilmittel wie Carcinominum comp., möglicherweise sogar Petroleum oder Beres-Tropfen? Aus der laufenden Zusammenarbeit mit einer die Methode der Elektroakupunktur nach Voll praktizierenden Ärztin habe ich die Überzeugung gewonnen, daß die Medikamententestung nach Voll eine weitgehende Sicherheit in der Findung der richtigen Medikamente geben kann.

Für den Erfolg der biologischen Heilbehandlung gilt ein Satz aus der alten Medizin: „Praemissis praemittendis", d. h. Vorrang hat die Allgemeinbehandlung. Dazu gehören *zuerst* die Umstellung auf eine richtige Ernährung und ausreichende Säftereinigung, d.h. alle entgiftenden Maßnahmen; ohne diese nützt die beste Medikamentenbehandlung nur wenig.

Die richtige Ernährung und die Säftereinigung schaffen erst den Boden, auf dem die eingesäten zusätzlichen Heilmethoden wachsen können. Es ist Aufgabe des Patienten, mit Hilfe des Arztes diesen Boden zu bereiten. Erst so kann ein Optimum einer *ganzheitlichen* Krebstherapie mit größtmöglicher Sicherheit erreicht werden.

Natürlich sollten die Patienten nicht gerade in der allerletzten Zeit vor dem absehbaren Ende kommen, z. B. mit fortgeschrittener Metastasierung oder durch massive Röntgen- bzw. Kobaltbestrahlung und Cytostatika in ihrem Immun-Abwehrsystem weitgehend blockiert und geschädigt sein. Dies vorausgesetzt sehe ich die Erfolge nach meiner ca. 20jährigen biologischen Krebsbehandlung, wozu nach Möglichkeit auch die vorherige Operation gehört, bei den von mir behandelten häufigsten Carcinomformen wie Mamma-, Prostata- und Dickdarmkrebs usw. durchaus als gut an und langzeitig sogar besser als eine vergleichbare konventionelle Therapie mit ihren oft sehr üblen, die Patienten belastenden Nebenwirkungen.

Mit gutem ärztlichem Gewissen kann ich dem krebskranken Patienten, der ohne die obigen negativen Vorbedingungen kommt und zu einer konsequenten Mitarbeit bereit ist, berechtigte Hoffnung machen und ihm noch Chancen aufzeigen, wo die übliche Behandlung versagte.

I. Das Thema Krebs geht jeden an

Der Krebstod steht in einer sonst so vielfach abgesicherten Zivilisation als eines der wenigen großen, immer noch unbeherrschten Gespenster vor den Menschen der Gegenwart. Die Krebsbedrohung ist nun einmal für alle Zeitgenossen eine nicht wegzuleugnende äußerst ernsthafte Tatsache.

Wenn um 1900 nur jeder 20. an Krebs starb, so sterben zur Zeit in der Bundesrepublik jeder 3. Mann und jede 4. Frau an Krebs. In der Welt erleben solchen Tod jährlich 3 Millionen; alle 4 Minuten fällt nach einer Berechnung allein in Deutschland ein Menschenleben dem Krebs zum Opfer. 1965 waren unter 907 822 Todesfällen 174 367 Krebstote. 1992 weiterer Anstieg bei den Neuerkrankungen Krebs auf 330 000 im Jahr und 210 000 Krebstote. Danach steht der Krebs an 2. Stelle der Todesursache, nur von der Gruppe der Krankheiten des Herzens und des Kreislaufs übertroffen.

Von den derzeit in der Bundesrepublik lebenden Bürgern werden nach aller Voraussicht mindestens 13 Millionen früher oder später an einer der zahlreichen Formen bösartiger Geschwülste erkranken, falls nicht durch eine wesentliche Steigerung unserer Bemühungen duchschlagende Erfolge in der Vorbeugung erreicht werden. Das wäre z. B. möglich durch eine ganz erhebliche Herabsetzung des Zigarettenkonsums und eine mehr den natürlichen Bedürfnissen angepaßte „giftfreie“ biologische Vollwertkost. Das Thema „Krebs“ geht jeden Zeitgenossen an und beunruhigt in zunehmendem Maße die Gemüter. Die Illustrierten machten bereits vor Jahren aus der Krebsangst Schlagzeilen. Der Issels-Prozeß gab dazu offenkundig den Auftakt. Dem Laien, dem Nicht-Arzt, wurde dabei offenkundig, daß die Gelehrten, die Ärzte, denen man sich bei einem Krebsleiden anvertrauen muß, denen man sich manchmal auch sozusagen unliebsam ausgeliefert fühlt, offenkundig untereinander weder einig waren über die Natur des Krebsleidens, noch über die Art der Behandlung. Es trat ein Streit über die Heilmethoden zutage, nämlich, ob man nach Ansicht der Schule besser mit Stahl und Strahl, also allein mit Operation und Röntgenstrahlen gegen die bösartige Geschwulst vorgehen sollte, oder nach Issels mehr von einer Allgemeinbehandlung, von einer innerlichen Umstimmung mit Ausräumung von Giftherden (Zähne, Mandeln) und von einer Steigerung der Abwehr, nicht zuletzt durch eine besondere Kost erwarten dürfte. Danach ergriff noch einmal der große alte Mann der Krebsforschung, Professor Warburg, auf einer Lindauer Tagung der Nobelpreisträger das Wort und betonte wiederum seine Erkenntnis, daß die für den Krebs typische Stoffwechselstörung nicht alleine für die örtliche Geschwulst gelten würde, sondern auch im gesamten übrigen Organismus nachgewiesen werden könne. Erneut wurden seine Ausführungen zu Schlagzeilen der Illustrierten.

Nach Vorhergehendem kann man wirklich nicht sagen, die Illustrierten hätten ganz einfach, sozusagen unberechtigt, das Thema „Krebs" für ein sensationslüsternes Publikum hochgespielt. Es liegt eben ein tiefgehendes Interesse vor, das aus einer starken Beunruhigung weiter Volkskreise stammt. Diese kommt zunächst nicht aus irgendwelchen Veröffentlichungen, z. B. aus der Presse oder wohlmeinender Aufklärung. Nein, sie stammt zumeist ganz unmittelbar aus dem täglichen Erleben, sei es, daß dieser oder jener einen nahen Familienangehörigen langsam an Krebs dahinsiechen und sterben sieht oder solche Fälle aus dem Freundes- und Bekanntenkreis erfährt.

Dadurch gewinnt man weiter immer mehr den Eindruck: *alle anderen Krankheiten nehmen ab, nur der Krebs nimmt zu.* Er erscheint als die Geißel einer hochentwickelten Zivilisation. Dabei entwickelt der Durchschnittsbürger die Meinung, eigentlich müsse sich unsere so hoch mit Staats-, d. h. Steuermitteln gefütterte Wissenschaft, die sonst so hoch verehrte Wissenschaft, schämen, daß sie die Lösung des Krebsproblems noch nicht gefunden habe. Um so mehr befällt die Zeitgenossen bei der Diagnose „Krebs" panische Furcht, weil das Wort „Krebs" für die meisten immer noch Aussichtlosigkeit und qualvoller Tod bedeutet. Schon der Gedanke an die Möglichkeit eines solchen Leidens führt entsprechend leider oft genug zu einer Vogel-Strauß-Politik, die die Aussichten für eine Heilung wesentlich verschlechtert, d. h. bei Beschwerden, die an Krebs denken lassen, geht man eben nicht rechtzeitig zum Arzt und verschleppt in unheilvoller Weise. Dabei sind auch bei rechtzeitiger Erfassung die Heilungsaussichten bei einer Reihe von Krebsformen wirklich nicht schlecht.

Voranstellen möchte ich in meinen weiteren Ausführungen: der Krebs ist heute durchaus kein unheilbares oder aussichtsloses Leiden. Wenn auch bei verspätet erfaßten Fällen die Aussichten schlechter werden, gibt es auch dann oft noch viele Möglichkeiten, nicht zuletzt über eine interne Krebstherapie (wenn es z. B. für eine Operation zu spät ist), wobei die dem Zustand bestangepaßte Ernährung = biologische Vollwertkost als Basisbehandlung uns besonders wichtig erscheint. Hier wird das konsequente Mitgehen des Patienten, der begriffen haben muß, worum es geht, besonders wichtig. Wir sollten also auch dem Krebskranken, vielleicht vorher den Angehörigen, soweit noch irgendwelche Hoffnung besteht und er seelisch ausreichend belastungsfähig erscheint, die Wahrheit teilweise oder ganz in angemessener Weise sagen. Nur dann wird er alle seine Kräfte gemeinsam mit uns im Kampf gegen sein lebensbedrohliches Leiden einsetzen und auch zu einer oft wenig beliebten Umstellung seiner Lebensweise, z. B. zu Nikotin- und Alkoholabstinenz und, oft noch schwieriger, zur Einhaltung einer entsprechenden Kost bereit sein. Bei Nutzung aller Möglichkeiten einer auch einem schweren Zustand anzupassenden Ernährung läßt sich fast immer auch in extremen Fällen das Ende ohne große Mengen von Betäubungsmitteln gut erträglich gestalten. Aber wir brauchen es nicht soweit kommen zu lassen! Es liegt in unserer Hand!

Ich möchte Dozent Dr. Ferdinand Schmidt beipflichten, wenn er in seinem Buch „Ist Krebs heilbar?" schreibt:

„1. Krebs ist kein unentrinnbares Schicksal.
2. Krebs bedeutet nicht Tod an Krebs.
3. Dein Schicksal hängt in hohem Maße von Dir selber ab!
4. Krebs ist heilbar, wenn er *rechtzeitig* und *richtig* behandelt wird.
5. Die Krebsheilung ist in erster Linie ein Problem der Früherkennung.

Ich möchte hinzufügen als 6. Punkt: Dem Krebs kann durch eine richtige Lebensweise, insbesondere durch eine biologischer Vollwertkost, vorgebeugt und, wenn schon aufgetreten, auf diesem Wege seinem Fortschreiten Einhalt geboten und sogar eine Rückbildung erreicht werden (sogar einige Fälle von Krebsheilungen alleine durch eine radikale Ernährungsumstellung, z. B. bei einer dänischen Ärztin, sind eindeutig bewiesen).

II. Was ist Krebs?

Nach diesem Überblick über die weltweite, jeden angehende Gefahr durch den Krebs wollen wir uns bemühen, ihm die Nebelklappe des Ungewissen von seinem Gorgonen-Haupt zu reißen. Wenn wir uns darüber klar werden, was Krebs wirklich ist, verliert er manches von seinem Schrecken. Ein Feind kann im Tageslicht viel leichter bekämpft werde als im Dunkel der Nacht. Was ist also Krebs? Der Wissenschaftler sagt uns: *ein bösartiges Geschwulstleiden.* Das sagt uns schon: wir können und müssen *gutartige* und *bösartige Geschwülste* unterscheiden, wobei zahlenmäßig die gutartigen überwiegen. Zu diesen harmlosen gehören schon die einfachen Warze, Muttermale, gewisse Muskelgeschwülste, z. B. die Myome in der Gebärmutter, die bekannten Fettgeschwülste – die Liporne –, weiter Bindegewebsgeschwülste (Fibrome). Zu den gutartigen Neubildungen gehören auch *Drüsentumoren* (z. B. in der Brustdrüse, wesentlich häufiger als die bösartigen, Verhältnis 5:1, aber nur die ärztliche Untersuchung kann hier unterscheiden), die als Kropf bezeichneten Vergrößerungen der Schilddrüse und mit Flüssigkeit gefüllte Tumoren (Cysten), die bevorzugt an den Eierstöcken auftreten.

Die *bösartigen Geschwülste* werden nach ihrem Ursprungsgewebe weiter in 2 Hauptgruppen unterschieden. Der Wissenschaftler spricht von *Carcinomen,* wenn die Zellwucherung von Haut- oder Schleimhautdeckzellen oder Drüsenzellen aus beginnt (von Epithelzellen = Deck- oder Oberflächengewebe), von *Sarkomen* (meist besonders bösartig), wenn das Bindegewebe den Ausgangspunkt für Tumoren in Knochen, Muskeln usw. bildet.

Gemeinsam ist allen Geschwülsten, den gutartigen als auch den bösartigen, daß sie aus körpereigenen *Zellen* bestehen und aus deren Teilung sich entwickeln. Die Gefahr kommt hier, im Gegensatz zu einer Infektion, wo körperfremde Erreger die Angreifer darstellen, von den eigenen entarteten Zellen.

Schauen wir einmal auf die verschiedenen Möglichkeiten des Zellwachstums. Bei der Entstehung eines Kindes aus einer befruchteten Eizelle sehen wir alles in geordneten Bahnen verlaufen. Jede Zelle, jedes Gewebe bildet und baut sich auf, wie den Gesetzen eines Baumeisters folgend. Ähnlich geordnet schließt sich eine Wunde wieder. Wenn nämlich der Defekt durch Bindegewebe wieder ausgefüllt ist, dann hört dieses normalerweise wie auf Kommando auf zu wuchern, und die Hautzellen machen wie Ziegelsteine wieder den Abschluß. Während also der Bauplan des ganzen immer bestimmend bleibt für Neuaufbau (Kind) und Regeneration (z. B. Wunde), ist es bei der

Bildung von Geschwülsten ganz anders. Hier verläuft das Wachstum ungeregelt. Die gutartigen halten den Bauplan der Gewebe allerdings noch in einem gewissen, wenn auch vermindertem Maße ein. So überschreiten sie selten ihre Umgebung, sind oft von ihr durch eine Kapsel, wie bei Fett- und Muskelgeschwülsten, abgeschlossen. Sie sind selten direkt lebensgefährlich, nur wenn sie einen wesentlichen Druck auf lebenswichtige Zentren und Organe ausüben oder Ausführungsgänge, z. B. von drüsigen Organen oder im Darmgebiet verlegen oder etwa zu Blutungen führen. Im allgemeinen lassen sie sich bei Operationen gut im ganzen entfernen und wachsen dann meist auch nicht wieder nach, eben weil sie ein in sich abgeschlossenes Gewebe darstellen. Doch gibt es in gewissen Fällen auch einmal den Umschlag zum bösartig Gefährlichen.

Ganz anders verhalten sich die *eigentlichen Krebsgeschwülste* (Carcinome und Sarkome). Hier kümmern sich die Zellen in keiner Weise mehr um die Ordnungsgesetze des Gesamtorganismus. Schon als Einzelzelle anders in ihrer Struktur (daher unter dem Mikroskop als bösartig erkennbar), wachsen sie in der Vielzahl ungehemmt und wie Parasiten schrankenlos in die normalen, geordneten Zell- und Gewebestrukturen ein. Dabei ist die Abwehr relativ schwach, da der Körper die Abkömmlinge seiner eigenen Zellen, seien sie auch noch so entartet, nur schwer als Feinde erkennen kann. Das Wachstum folgt bevorzugt den Lymphbahnen. Einen gewissen Widerstand scheinen als eine Art Sperrschranke hier die Lymphknoten zu leisten, die bei Befall stark anschwellen. Deshalb entfernt der Chirurg beim Brustkrebs außer der erkrankten Brust die zugehörigen Achsellymphdrüsen – als Knoten tastbar – mit. Über dies infiltrierende Wachstum hinaus unterscheidet sich die bösartige Geschwulst von der gutartigen noch dadurch, daß sie fernabgelegene Kolonien bilden kann.

Einzelne Krebszellen reißen sich von der Muttergeschwulst los und werden nun auf dem Blut- oder Lymphweg verschleppt. Dort, wo sie sozusagen aus irgendeinem Grunde liegenbleiben, bilden sie Tochtergeschwülste, sogenannte Metastasen, wenn nicht die allgemeine oder ortsständige Abwehr sie lahmlegt oder sie sogar vernichtet. Der Brustkrebs der Frau z. B. streut außer dem infiltrierenden Weiterwachsen in die Achseldrüsen besonders gerne in die Halsdrüsen, die Lungen, in die Beckenorgane und in die Knochen.

Noch einmal Wiederholung: *Nicht jede Geschwulst ist Krebs.* Es ist sogar so, daß kaum ein Mensch frei ist von Geschwülsten, die aber im allgemeinen gutartig sind. Wäre es anders, müßte die Menscheit längst ausgestorben sein. Es wird neuerdings von manchen Wissenschaftlern sogar angenommen, daß es bei den unendlich vielen Zellteilungen immer wieder zu Entgleisungen kommt, sozusagen zur Bildung von krebsartigen Zellen, wissenschaftlich ausgedrückt: atypisch, fakultativ malignen Zellen, die aber normalerweise von der allgemeinen (weiße Blutkörperchen) und ortsständigen Abwehr erfaßt und vernichtet werden. Erst wenn diese Schutz- und Abwehrfunktionen erlahmen, kommt es zum Überleben dieser unerwünschten Zellen und danach durch ihre Vermehrung zur Tumorbildung. Dies wird bekräftigt von der Tatsache, daß sich gehäuft bösartige Geschwülste entwickeln, wenn man die körpereigene Abwehr künstlich unterdrückt; wie es bei Transplantationen (Organüberpflanzungen) z. B. von Nieren durch die wissenschaftlich Immunosuppression genannte künstliche Unterdrückung der Körperabwehr geschieht, damit der Körper dieses Fremdgewebe nicht abstößt. Die sehr unerwünschte Nebenwirkung ist dann, wie bereits gesagt, ein erfahrungsmäßig relativ häufiges Geschwulstwachstum.

Für die Praxis sei umgekehrt schon jetzt eine Schlußfolgerung und Forderung vorweggenommen: *Die Abwehr möge durch Vermeidung aller Gifte,* sei es Zigarette, Alkohol, Tablettenkonsum, Spritzmittel usw. *und durch Stärkung aller aufbauenden Kräfte:* gesunde, lebendige Nahrung, reine Atemluft, ausreichend körperliche Bewegung und Schlaf – und wenn möglich: eine sinnvolle, d. h. befriedigende, menschenwürdige Arbeit – *möglichst gestärkt und hochgehalten werden.*

Damit wäre schon sehr viel für die Krebsvorsorge getan. Schalten wir noch einmal zusammenfassend zurück. Ein Arzt, der die Körpergewebe untersucht, stellt als Kennzeichen der Bösartigkeit fest: infiltrierendes Wachstum, ohne Rücksicht auf Gewebs- und Organgrenzen, und Fernansiedlungen, sogenannte Metastasen oder Tochtergeschwülste; unter dem Mikroskop hat die einzelne Tumorzelle einen anderen, von den ursprünglichen Zellen abweichenden Bau und kann damit meist bereits als einzelne erkannt werden; das ist wichtig z. B. zur Geschwulsterkennung bei Zellabsonderung aus Körperöffnungen wie Auswurf, und bei Scheiden- bzw. Muttermundabstrichen.

III. Die 7 Krebsfrühwarnzeichen

Die verschiedenen Krebsformen sind danach vom Arzt durch Abtasten und durch das Auge, zuletzt das Mikroskop, weitgehend erkennbar. Aber es gibt schon für den Laien eine Reihe wichtiger Alarmzeichen. Um unseren Lesern ein Höchstmaß an Sicherheit zu geben – erinnert sei an die Devise von Professor Cameron „Die Verantwortung liegt bei Ihnen“ – sei zusammenfassend auf die 7 frühen Krebswarnzeichen oben genannten amerikanischen Krebsforschers hingewiesen. Da wir nun bedauerlich bei der Summe unserer Zivilisationssünden bei den meisten Krebsarten noch recht weit von einer echten Vorbeugung entfernt sind, müssen wir froh sein, wenn wir wenigstens diese ersten Krankheitszeichen richtig erkennen und durch eine Frühbehandlung die Heilungsaussichten wesentlich verbessern können. Die nachfolgenden 7 Krankheitszeichen sollte man sich deshalb im eigenen Interesse möglichst gut einprägen.

1. Jede nicht heilende Wunde
2. Ein Knoten oder eine Verdickung in der Brust oder anderswo
3. Ungewöhnliche Blutung oder Ausfluß
4. Jede Veränderung in einer Warze oder einem Muttermal
5. anhaltender Appetitmangel oder Schwierigkeiten beim Schlucken
6. anhaltende Heiserkeit oder Husten
7. Jede Veränderung in der normalen Verdauungstätigkeit und (hinzugesetzt vom Verfasser) der Urinentleerung.

Diese 7 Kennzeichen sollte jeder auswendig wissen. Sie sind oft, aber leider nicht immer, *Frühzeichen.*

Prof. Cameron schlägt weiter vor: jährlich wiederholte Röntgenuntersuchungen des Brustkorbs für alle Männer über 45 (ich würde denken, es würde genügen für Raucher) und für Frauen über 35 Jahre eine Scheidenabstrichuntersuchung (möglichst natürlich zusammen mit einer vergrößernden Spiegeluntersuchung des Gebärmuttermundes). Außer diesen ärztlichen Maßnahmen wäre auf die Selbstkontrolle der Haut und des Mundes hinzuweisen. Die Selbstuntersuchung der Brüste, wenn alle Frauen sie durchführen würden, könnte die Heilbarkeit der hier entstehenden Krebse verdoppeln. Bei Chirurgen ist die Krebssterblichkeit nur ⅔ so hoch wie bei den Nichtchirurgen. Warum? Weil sie die Wichtigkeit der Gefahrenzeichen besser kennen und sich rechtzeitig behandeln lassen.

Die nachstehende Tabelle möchte die Wichtigkeit der Früherkennung unterstreichen. Die dunklen Partien bedeuten die Prozentzahlen der Heilungsaussichten bei rechtzeitiger Erkennung für die häufigsten Krebsformen, die mit Ausnahme des Lungenkrebses auch allein mit den üblichen Behandlungsmethoden, nämlich mit Stahl und Strahl, schon durchaus als gut zu bezeichnen sind. Eine zusätzliche, später skizzierte Ernährungsbehandlung müßte die Heilungsaussichten für Erkrankte noch wesentlich verbessern können. Also keine Vogel-Strauß-Politik!

IV. Vorkrebszustände

Erwähnt werden müssen in diesem Zusammenhang Veränderungen, die man als praekanzerös, als Vorkrebszustände, bezeichnen kann, auch wenn nicht immer die weitere Entwicklung zu einem voll ausgebildeten Krebs führt. Kommt es aber zu der Bildung einer bösartigen Geschwulst, so geht der Verlauf immer über die sogenannten Praekanzerose. Es ist nicht so, daß es plötzlich aus „heiler Haut", d. h. aus einem gesunden Gewebe ohne jeden Übergang zu einer Krebsbildung kommt. Genaugenommen bezeichnet praekanzerös den abnormen Zustand eines gewöhnlich begrenzten Gewebes, welches zur Bösartigkeit neigt. So sind Polypen des Magens, der Gebärmutter, des Dickdarms, Mastdarms und der Blase solche Veränderungen mit Neigung zur Bösartigkeit. Als praekanzerös gelten auch Schleimhautveränderungen, die sich in Form von weißlichen, körnigen oder flachen Fleckchen zeigen. Sie bilden sich durch ein überstarkes Zellwachstum, und dieses kommt offenkundig vorwiegend durch chronische intensive Reize, deshalb besonders auf den Wegen des Alkohols und der Rauchprodukte, zustande. Deshalb finden wir sie am häufigsten auf den Lippen, den inneren Wangen, der Zunge, in der Speiseröhre, in der Kehle und der Bronchialschleimhaut. Für umstellungswillige Raucher ist wichtig zu wissen, daß derartige Vorkrebsformen nach Einstellung des Rauchens sich weitgehend noch zurückbilden. Solche als Leukoplakien bezeichneten Schleimhautveränderungen gibt es weiter in der Scheide und auch am Gebärmuttermund und bedürfen als Zeichen drohender Gefahr einer laufenden ärztlichen Kontrolle.

Das gilt auch für die als *Keratosis* bezeichneten Veränderungen der Haut, die man grobweg als umschriebene Hautverdickungen (durch Anhäufung von Zellen) bezeichnen kann. Man kann sie als schuppige Fleckchen eines Schorfes oder als braune bis schwarze flache oder gewölbte Warze sehen und fühlen. Muttermale können auch einmal krebsig entarten, obwohl dies bei der Häufigkeit solcher Male (im Durchschnitt 21) äußerst selten ist. Für alle diese genannten Veränderungen an Haut und Schleimhäuten gilt das Schillerwort: „Sie zwingen nicht, sie machen wohl geneigt." Doch wo sie auftreten, sollte man sie beobachten, sie sozusagen unter Kontrolle halten, und wenn sie mehr oder weniger schnell anfangen zu wachsen, sollte man schleunigst seinen Arzt befragen.

V. Tests zur Erkennung des Krebses

Gibt es außer den 7 genannten Krebszeichen, die den Laien bereits alarmieren sollen, und speziellen ärztlichen Untersuchungen noch weitere Möglichkeiten für die Früherkennung des Krebses? Diese Frage kann man erfreulicherweise bejahen. Es gibt bestimmte Teste, die weitgehend auf den Krebs in seinen Frühestformen hinweisen, ihn sozusagen schon im Entstehen erfassen. Sollte z. B. bei unbestimmten Beschwerden ohne ärztlicherseits faßbaren Organbefund doch an Krebs zu denken sein, so kann ein erfahrener Arzt einige in der sogenannt biologischen Medizin seit langem mit Erfolg angewandte Krebsteste *zusätzlich* heranziehen. Die dem lokalen Krebsleiden vorangehende Störung des Gesamtorganismus läßt sich nämlich weitgehend aus seinen „Säften" ablesen. Genannt seien z. B. aus dem Urin des Kranken der Carcinochromtest. *der Kristallisationstest von Selawry und aus Blut, Urin und Speichel der Test nach Prof. Vincan,* letztgenannter mit zunehmender Bedeutung (Bestimmung der pH-Werte).

Manche von ihnen weisen auch bereits auf den Ort der Geschwulst hin, einige von ihnen auf den drohenden Beginn einer krebsigen Entartung.

„Diese an sich schätzenswerten Suchteste mit der Frage: ‚liegt ein zur Zeit mit anderen Methoden nicht erkennbares Krebsleiden möglicherweise vor oder auch nicht‘ haben sich in der breiten Praxis nicht durchsetzen können. Dagegen finden die Teste, die erlauben, den Verlauf des Krebsleidens durch die sogenannten Turmormarker, nämlich die meßbaren Absonderungen der Tumore laufend zu kontrollieren, bereits eine breite Anwendung. Dabei kann man das einzelne Ergebnis eines Turmormarkers nicht zur Diagnose eines Krebsleidens verwerten, erst weitere Kontrolluntersuchungen erlauben ein Verlaufsbild des Tumorleidens und seiner Entwicklung. Dabei wird die Höhe des Titers von der Aktivität und Größe des Tumors abhängen. Ist z. B. ein größerer Tumor entfernt, damit die Ausscheidung von Tumorgiften reduziert, wird auch der Tumormarker absinken, steigt aber wieder mit der Bildung von Metastasen. Spezifische, z. T. organbezogene Tumormarker, erlauben also nur die laufende Kontrolle der Tumoraktivität, haben mit den erstgenannten Suchtesten nichts gemeinsam.

Die Untersuchung der Darmflora kann uns immerhin beachtliche Hinweise auf ein drohendes Krebsleiden geben."

Im Arbeitskreis für mikrobiologische Therapie wird weiter immer wieder betont, daß sich der Umschlag zu einem bösartigen Geschehen durchweg mit einer bestimmten Umstellung der Darmbakterienwelt kund tut, z. B. durch das Auftreten von vorwiegend Fäulniskeimen. Der Krebs wird also der tastenden Hand, mehr noch dem forschenden Blick, in seinen Strukturen direkt erkennbar, indirekt auch durch bestimmte eben genannte „Teste" aus den „Säften" seines Wirtes und seinen eigenen Absonderungen. Aber wenn wir einen ruhenden Motor nur von außen ansehen und noch dazu die Abgase untersuchen, dann wissen wir immer noch nicht, wie er funktioniert und aus welchen Kräften seine Leistungen zustandekommen. Wichtiger also als das Gehäuse des Motors und bestimmend für seinen Nutzeffekt ist das Geschehen in seinem Inneren, z. B. bei dem Benzinmotor das Zusammenwirken von Bezindämpfen und Sauerstoff. Das *innere* Zusammenarbeiten und Wirken kann man auf der Ebene des Lebendigen, der lebendigen Körperzellen, als *Stoffwechsel* bezeichnen. Darunter faßt man die Zufuhr von Ernährungsstoffen, ihre Umsetzung (normalerweise Verbrennung) und die Ausleitung von Schlackstoffen zusammen. Wie bei einem Motor kommt es dabei zu einer sinnvollen verwertbaren Leistung (Wärmebildung usw.).

VI. Der Stoffwechsel der Krebszelle

Die Gewebe *bösartiger* Geschwülste mit ihren entarteten Zellen unterscheiden sich nun – das muß ganz besonders herausgestellt werden – durch einen Stoffwechsel, der von den normalen Zellen völlig abweicht. Diese gesunden beziehen ihre Energie wie jeder unserer Motoren durch *Verbrennung unter Sauerstoffzufuhr* (O_2), d. h. durch Oxydation, Umsetzung von Nahrungsstoffen mit Sauerstoff, der auf dem Blutwege, kommend von den Lungen, herantransportiert wird. Laut Professor Warburg haben die Krebszellen dagegen einen Energiehaushalt ohne Sauerstoff, wie die primitiven Hefezellen, die auch ohne Luftzufuhr sich vermehren und leben können. Dies bezeichnet man als Gärungsstoffwechsel, da nämlich solche Zellen ihre Energie für ihr Leben und ihre Vermehrung aus der Gärung beziehen. Übrigens soll in der ersten Erdenzeit, als es noch keinen Sauerstoff auf unserem Planeten gab, der Stoffwechsel der einzig vorhandenen Primitivorganismen auch über einen solchen Gärungsstoffwechsel erfolgt sein. So könnte man diesen Stoffwechsel der Krebszellen als einen Rückfall in einen Primitivstoffwechsel auffassen, sozusagen als einen primitiven Notstoffwechsel, da die Zellen an der normalen Sauerstoffatmung irgendwie gehindert sein dürften.

So heißt es in den letzten Jahren erneut bei Professor Burk/USA, der durch sinnvolle Experimente die Erkenntnisse von Professor Warburg nachprüfte: „Unsere Versuche haben bewiesen: alle Krebszellen haben einen gesteigerten Gärungsstoffwechsel. Die Gärung ist die letzte Ursache für die Entstehung einer Krebsgeschwulst. Wir können die Entdeckungen Professor Warburgs bestätigen."

Die Krebsgeschwulst ist also nicht nur durch einen Gärungsstoffwechsel gekennzeichnet, sondern es heißt darüber hinaus: „Er ist die letzte Ursache für die Entstehung einer Krebsgeschwulst." Wir möchten sagen, die allerletzte; denn bevor eine normale Körperzelle auf diesen Notstoffwechsel umschaltet, muß jemand sie dazu veranlaßt haben. Die Notbeleuchtung geht erst an, wenn die Hauptbeleuchtung erlischt. Aber wer wiederum veranlaßt das Ausgehen der Hauptbeleuchtung? Bei unseren Körperzellen würde es heißen, wer blokkiert die normale, die Sauerstoff-Atmung? Wer hindert die Zellen daran, den doch über dem Blutweg herantransportierten Sauerstoff zu verwerten? Auf diesen Sauerstoffmangelzustand (Dysoxybiose nach Dr. Seeger), der der Gärung vorausgeht, werden wir bei der Erörterung der Ernährungsbehandlung noch weiter eingehen müssen. Welche Möglichkeiten liegen in der Zelle bei einer solchen drohenden Erstickung? Es heißt hier nur noch: völlig abzusterben oder zwecks Weiterleben Umschaltung auf Gärungsstoffwechsel (= Notstoffwechsel). Der Sauerstoffmangelzustand geht also dem eigentlichen Krebsgeschehen voraus. So gelang es einem bedeutenden Wissenschaftler wie Seeger schon vor langem, allein durch Sauerstoffentzug aus normalen Zellen Krebszellen entstehen zu lassen. Übrigens zeigen außer dem Krebsknoten selber auch die roten Blutkörperchen des Wirtskörpers die Neigung zur Gärung statt zur Sauerstoffatmung, so daß die Störung des Stoffwechsels nicht nur die Geschwulst selber, sondern den ganzen Organismus betrifft.

VII. Die zentrale Bedeutung des Sauerstoffes zur Verhütung des Krebses

Wollen wir den menschlichen Organismus vor solchen Notzuständen bewahren, so müssen wir also alles tun, um die *Sauerstoffzufuhr* ausreichend zu sichern und zu gewährleisten. Das kann einmal durch eine gute Luft mit so wenig wie möglich schädigenden Stoffen (z. B. Autoabgasen, Tabakdunst mit Nikotin, Teer und Kohlenmonoxyd, alle mit blockierender Wirkung auf die Atmungsfermente), zum anderen durch Zufuhr einer giftfreien *lebendigen Nahrung* erreicht werden. Diese von uns erwünschte Nahrung wird mit ihrem reichlichen Gehalt an Atmungsfermenten für die beste Ausnutzung des angebotenen Sauerstoffes sorgen. Die zentrale Bedeutung des Sauerstoffes zur Verhütung von Krankheiten, insbesondere auch des Krebses, wird ebenfalls durch den „Lauf-Professor“ Dr. Ernst von Aaken bekräftigt. So weist er auf seine Beobachtungen an 120 Mitgliedern einer Interessengemeinschaft älterer Langstreckenläufer hin. Von diesen 120 Männern, alle im kritischen Krebsalter, erkrankte in 5 Jahren kein einziger an Krebs und Herzinfarkt. Mit seinen Worten „In der Krebsvorbeugung ist die *Sauerstofftherapie durch Lauftraining* allen Medikamenten und Kuraufenthalten überlegen". Wenn bisher trotz beachtlicher Ausnahmen (vgl. Seite 11) eine Rückschaltung der Krebszellen mit ihrem Gärungsstoffwechsel zur Sauerstoffatmung der normalen Zelle auch noch als unmöglich erscheint, so wird auf vorgenanntem Wege zumindest eine solide Abwehr aufgebaut.

Diese sollte ein Weiterwachsen der Geschwulst eindämmen, einmal vom Säfteweg her (immunologisch) und weiter über eine Kräftigung der benachbarten Gewebe durch eine bestmögliche Sauerstoffversorgung. Verstreute Einzelzellen müßten so natürlich auch abgefangen und an geschwulstartiger Weiterentwicklung gehindert werden.

VIII. Erfolgreiche Methoden interner Krebsbehandlung

Krebsfördernd ist also jede Blockierung der Zellatmung, krebsfeindlich umgekehrt natürlich jede bessere Versorgung mit aktivem Sauerstoff als Lebenselement der Zelle. Von dieser Erkenntnis gehen alle Bemühungen um eine echte Krebsvorbeugung und jede interne Krebsbehandlung aus. Außer den später genannten kanzerogenen Stoffen sollte man z. B. außer in Notfällen alle Medikamente meiden, die die Zellatmung bremsen, angefangen von vielen scheinbar so harmlosen Kopfschmerztabletten, den diversen Schlaftabletten über die Sulfonamide bis zu den vielfachen Antibiotika (Penizillin, Chloramphenikol und den Corticosteroiden usw.). Ganz besonders seien hier alle Medikamente, die eine die Temperatur senkende und das Fieber unterdrückende Wirkung haben, als negativ genannt. Bei Unterkühlung wachsen nach Beobachtungen von Dr. Seeger Krebszellkulturen sogar beschleunigt. Statt die Abwehr zu unterstützen – das Fieber ist ein solcher Abwehrvorgang – und eine sogenannte Erkältungskrankheit z. B. durch ein heißes Bad und Schwitzen mit Tee z. B. sinngemäß auszukurieren, greift der heutige Mensch in seiner Bequemlichkeit allzu schnell zur unterdrückenden Tablette, wird dann zwar nicht eigentlich krank, „er hält sich fit“, aber kränkelt meist lange. Die richtigen fieberhaften Krankheiten sind heute offenkundig unter der Wirkung allzu vieler und häufiger Medikamente wesentlich seltener geworden. Es sieht dadurch so aus, als wenn gerade die Menschen, die niemals richtig krank wurden, die auch nie die Kraft zu einem Abwehrfieber aufbrachten, relativ häufig an Krebs erkranken. Umgekehrt ergab eine Überprüfung der sogenannten Spontanheilungen von Krebs, daß bei einem Drittel von ihnen der Heilung ein hohes Fieber vorausging. Das weist uns den Weg. In der Behandlung ist es also auf alle Fälle lohnend, die Abwehr zu aktivieren. Fieber bedeutet immer Abwehrsteigerung. So haben Professor Lampert und andere die *Erzeugung von Fieber,* d. h. erhöhter Temperaturen durch langandauernde dosierte heiße Bäder mit Erfolg in die Krebsbehandlung eingeführt.

Ich selber konnte mich schon vor 1960 bei einer Demonstration davon überzeugen, daß Frau Dr. Hoffmann in der Krebsklinik Berlin–Buch **Melanome,** d. h. besonders bösartige Geschwulste der Gliedmaßen, mit intensiver Überwärmung, wieder mit heißem Wasser, erstaunlich heilen konnte. Krebszellen sterben eben bei Körpertemperaturen von 39° und mehr ab. – Zu einer erfolgreichen **Mistelinjektionsbehandlung** (früher Plenosol, heute Iscador, neuerdings in gewissen Fällen intensiver wirksam, eine Weiterentwicklung in Form des Helixors und der Mistelpräparate der Wala) gehört z. B. auch immer eine mäßige Temperatursteigerung.

Bei der häufig in der Hand des Könners erfolgreichen Therapie mit **Schlangengiften** kommt es zu einer sichtbaren Ansammlung von weißen Blutkörperchen als den Polizisten des Körpers um die Geschwulst wie bei einer Entzündung.

Ob mit den oben genannten Mitteln oder anderen wie Bienengift, Ameisensäure oder Präparaten der Firma Heel erzeugt: **Heilentzündung** und **Fieber** bedeuten immer **erhöhte Abwehr** gegen das Geschwulstleiden und meist auch schon **Entgiftung.** Diese kann schon durch Verstärkung der normalen Ausscheidung über die Haut (Schwitzen), Darm, Nieren, Lungen (Ausatmen) und evtl. durch eine Steigerung der monatlichen Regelblutung angekurbelt werden. Man sollte sich immer wieder daran erinnern, daß die Bedrohung des Lebens im allgemeinen nicht durch die Größe der Geschwulst, sondern von den „Giften“ stammt, die von den wachsenden und auch zerfallenden Krebszellen stammen. Deshalb gehört auch die operative Beseitigung der Giftproduzenten Geschwulst in den Heilplan.

Reinigen heißt Heilen. Dieser Satz aus der antiken Medizin gilt auch beim Krebsleiden. Dazu gehört auch die *Entfernung* von *Krankheitsherden* wie schlechten Mandeln, toten Zähnen, chronischen Gallenblasen- und Blinddarmentzündungen und die Beseitigung von Störzonen, die nach Operation ebengenannter Leiden in deren Bereich nachbleiben können und von manchmal recht alten Narben. Ihre schädliche in den Gesamtorganismus ausstrahlende Aktivität läßt sich oft nur durch verfeinerte elektrische Suchmethoden, z. B. mit Elektrohauttestung nach Standel, mit Elektro-Akupunktur nach Voll oder durch Messungen der Wärmestrahlung (Infrarottestung) nach Schwamm erfassen. Die Entstörung geschieht nach Hunecke durch Anspritzen mit Impletol oder ähnlichen Stoffen. Zur Entgiftung gehört auch die Normalisierung der Bakterienwelt des Darms. Sie ist bei jedem Krebspatienten einwandfrei krankhaft verändert. Ihre Behandlung gehört also immer in den Therapieplan. Alle Krankheitsgifte, kommen sie nun vom kranken Darm, von der Krebsgeschwulst selber oder aus einem irgendwie gestörten Stoffwechsel, bedürfen immer einer Entgiftung über die Leber. Diese wird in dieser ihrer Leistung bei Krebsleiden häufig überfordert. So erscheint eine spezielle leberunterstützende Behandlung wünschenswert. Als erfolgreich werden hierzu Infusionen mit Hepasteril B und Injektionen von dem klinisch erprobten Faktor AF 2 (Extrakt aus Leber und Milz) mit zusätzlich antitumoraler und schmerzdämpfender Komponente geschätzt.

Wenn auch der Gärungsstoffwechsel (Glykolyse) erst eine Folge der Unfähigkeit der Krebszelle ist, Sauerstoff zu verwerten, d. h. richtig zu atmen, so wirkt die Gärung selber und ihre dabei anfallenden Stoffwechselprodukte wieder ungünstig zurück auf ein Restvermögen der kranken Zelle zur Sauerstoffatmung. Wenn es nun gelingt, umgekehrt den Gärungsstoffwechsel herabzusetzen, dann erlangt die normale Zellatmung wieder das Übergewicht. Das konnte wieder der Krebsforscher Dr. Seeger in Zellkulturen beobachten. Mit einer gärungssenkenden Stoffgruppe, dem Medikament Polyerga (Injektionen) kann man das bereits auch bei Tumorkranken erreichen und so den krankhaften Zellstoffwechsel zumindest bis zu einem gewissen Grade heilend beeinflussen, d. h. ihn zum Normalen zurückführen.

Die Befreiung von Giften, die den Zellstoffwechsel lähmen, ist wohl sehr bedeutungsvoll, vielfach wahrscheinlich eine wichtige Vorbedingung einer erfolgreichen Krebsbehandlung, letzthin entscheidend ist aber die **Wiederherstellung der normalen Sauerstoffatmung** der erkrankten Zellen. Wir wissen, daß sie den weitgehend normal auf dem Blutweg herangeführten Sauerstoff nicht verwerten kann. Es fehlen ihr Stoffe, sogenannte Atmungsfermente, die den Sauerstoff aktiv, d. h. für die Zelle verwertbar machen. Diese fehlenden Systeme in der Atmungskette können wir neuerdings überbrücken. Damit eröffnet sich ein aussichtsreicher Weg in der Krebstherapie, der bereits zu guten Erfolgen geführt hat. Zu nennen wäre hier Behandlung

1. mit *Peroxyden des Ozon* (Dr. Varro und andere). Das Ozon (O_3

statt Sauerstoff O_2) spaltet nämlich bei Injektion in den Muskel ein aktives Sauerstoffatom (O) ab, das anders wie der träge durchschnittliche Sauerstoff (O_2) auch ohne Fermentüberträger direkt auch in der geschädigten Zelle wirken und dabei die geschädigte Sauerstoffverwertung (Zellatmung) wieder in Gang bringen kann. Die Zündung funktioniert wieder. Liegengebliebene störende Schlackenstoffe werden dabei verbrannt und aus dem Wege geräumt.

2. mit den *freien Radikalen* von Dr. Koch/Reinstorff und in leichter Abänderung von Dr. Gleichmann. Auch hier geht es um die Einleitung einer Kettenreaktion zwecks Wiederherstellung der normalen Sauerstoffnutzung.

3. mit bestimmten *roten Farbstoffen,* z. Z. besonders geschätzt aus der roten Bete.

Weitere Atmungsaktivatoren, z. B. Rechtsmilchsäure und Vitamin C in hoher Dosis können in Kombination mit eben genannten Methoden den Erfolg natürlich noch verbessern.

Der 10-Wege-Plan von Dr. Seeger faßt alle diese Möglichkeiten sinnvoll zusammen. Rechtzeitig in einer richtigen Kombination angewandt ergeben sich damit für den Krebskranken viel bessere Heilungschancen als mit einer Therapie, die sich nur auf Operation und Bestrahlung beschränkt.

IX. Neueste Methoden und Gesichtspunkte einer biologischen Krebstherapie

In den letzten Jahren treten zusätzlich einige neue Gesichtspunkte nicht nur in der Wissenschaft, sondern auch durch die Publizistik in das Blickfeld. In der Wissenschaft spricht man davon, die **immunologischen Abwehrkräfte** in ihrem Kampf gegen das Krebsgewebe zu aktivieren. In dieser Beziehung wird die Behandlung mit Extrakten aus Thymus, dieser bei Erwachsenen sehr kleinen und neuerdings doch als bedeutsam erkannten Drüse, hoch gepriesen.

Wie kann man eine immunologische Krebstherapie dem Laien verständlich machen? Wie ich schon andeutete, eine wesentliche Schwierigkeit im Abwehrkampf gegen entstehende Krebszellen besteht darin, daß der Wirtskörper diese irregulär gebildeten Zellen nicht als Feinde erkennen kann, da sie schließlich doch seine Abkömmlinge sind. Gegen eindringende Bakterien und Viren, diese Fremdlinge, werden mit Entzündung und Fieber schnell alle Gegenkräfte mobilisiert, aber gegen seine Zellkinder muß dies versagen, ganz besonders, da diese Krebszellen eigentlich in die Babyzellform, nämlich in das Embryonalstadium zurückfallen. Erschwerend kommt noch dazu, daß diese gefährlichen Zellen noch auf ihrer Außenhaut eine Abschirmvorrichtung besitzen.

Für einen biologischen Behandlungsplan heißt es dementsprechend:
a) den Feind erkennbar machen,
b) die Abschirmung durchbrechen,
c) die Geschwulstzellen nach Möglichkeit mit solchen Stoffen auflösend vernichten, die das eigene Körpergewebe nicht angreifen.

Letztgenanntes ist mit einer Enzymtherapie möglich, wie sie uns im Carcedolan und Wobe Mugos zur Verfügung steht und bereits vielfach schon in Kliniken angewandt wird. Aber Punkt a) und b) sollten bei einem so schweren Leiden wie dem Krebs, bei dem jede nur denkbare Chance genutzt werden sollte, immer dazukommen. Wie den Feind erkennbar machen? Man spritzt menschliches Krebszellenmaterial, bestens zerkleinert, damit ohne Abschirmmantel, und hochgradig verdünnt. Damit werden dann die Abwehrkräfte der Körpersäfte und bestimmter weißer Blutkörperchen, der T-Zellen, auf die Geschwulstzellen sensibilisiert, sozusagen wild gemacht, so als wenn vor Beginn der Jagd einem Jagdhund etwas von einem Hasen zu riechen gegeben wird. Die Feindzellen werden jetzt erkannt und nun gelingt es auch, die Abschirmung zu durchbrechen. Der Erfolg läßt sich noch verbessern, wenn jetzt zusätzlich noch Thymusextrakte verabreicht werden können, da diese die eben genannten T-Zellen, die Killer-, d.h. die Abtöterzellen noch besonders aktivieren können.

Die eigentliche Schwierigkeit besteht darin, wie können wir das bestgeeignete Krebszellenmaterial, das spezifische vom Operierten selber, bekommen? Der Chirurg wird dazu schwer zu bringen sein, das entnommene Tumorgewebe sinnvoll bestens zu zerkleinern und sozusagen dann an den nachbehandelnden Arzt weiterzureichen. Dabei wäre die Autovaccine von dem eigenen Tumor das Optimum für die Aktivierung der körpereigenen Abwehrkraft. Da sich diese ideale Therapie in der Praxis leider selten durchsetzen läßt, ging man zweckmäßigerweise auf die organspezifischen Nosoden der Firma Heel, z.B. Corcinoma mamma injeel bei Brustkrebs und Carcinomina Uteri injeel bei Gebärmutterkrebs usw.

Mit einer derartigen ungiftigen, der Natur abgelauschten kombinierten Behandlung, nämlich mit einer speziellen, die Abwehr mobilisierenden Immuntherapie, verstärkt durch die genannten Thymusextrakte und in Kombination mit einer die Tumoren auflösenden Enzymtherapie, dürften sich in Zukunft die Erfolge bei der Behandlung bösartiger Geschwülste wesentlich verbessern lassen.

Bestimmte Medikamente erlauben weiter, die genannte gefürchtete Abschirmung der Geschwulstzelle aufzubrechen, so daß die Zahl unserer Behandlungsmöglichkeiten weiter wächst. Aber alle eben genannten Behandlungsarten versagen dann, wenn die Geschwulst zu groß ist. Dann wird auch die beste aktivierte Abwehrkraft nicht mehr mit dem

Übermaß an Feind fertig. Deshalb muß auch der biologische Arzt auf Operation drängen, die genannte Behandlung aber dann nachfolgen lassen statt Röntgentiefenbestrahlungen usw. Damit sind sicher nicht alle Möglichkeiten genannt. Zu erwähnen wäre noch die **Hormontherapie,** die sich bei dem Prostatakrebs des Mannes, eben mit hochdosierten gegengeschlechtlichen weiblichen Hormonen durchaus bewährt hat. Aber sollte man beim Brustkrebs deshalb die Eierstöcke herausoperieren oder gegengeschlechtliche männliche Hormone aus der Erkenntnis heraus geben, daß häufig weibliche Hormone, die Östrogene, aktivierend auf den Krebs der weiblichen Brust wirken? Diese Frage dürfte erst dann endgültig spruchreif werden, wenn man in jedem speziellen Falle nachweisen kann, diese Hormone wirken eben bei dieser Frau aktivierend. Diesen Schwierigkeiten dürfte man am einfachsten aus dem Wege gehen können, wenn man die Steuerungszentrale aller Hormondrüsen, nämlich die Hypophyse, d. h. Hirndrüse, aktiviert. Die Kurzwellendurchflutung dieser hormonalen Schaltstelle nach Schliephake dürfte dafür die gesuchte Methode sein, ist leicht praktikabel und kann bereits vielfache Erfolge nachweisen.

Zu nennen wäre als erfolgversprechend bei gewissen Krebsfällen noch die Behandlung mit hochdosierten Vitaminen wie A und E. Vitamin C wurde bereits genannt.

Dies sind also in der Hand des erfahrenen bilologischen Arztes viele neue Möglichkeiten und das ohne die oft erheblichen Schädigungen des Wirtsorganismus, wie diese bei der Behandlung mit Röntgenstrahlen und Cytostatika einfach nicht zu vermeiden sind.

Doch auch hier müssen wir vor allzu großem Optimismus warnen. Keine Behandlung kann einen Langzeiterfolg haben, wenn man nicht zunächst die krebsmachenden und verursachenden Faktoren ausschaltet. Selbstverständlich ist bereits für den Lungenkrebskranken die Einstellung des Zigarettenrauchens und nicht nur für den Krebskranken im Bereich des Verdauungstraktes das Verbot von Alkohol, besonders natürlich des hochkonzentrierten in Form von Schnäpsen usw.

Aber wer weiß in der Bevölkerung von der Krebswirksamkeit viel befahrener Ausfallstraßen und den energetischen Reizzonen? Von den Anwohnern solcher Autostraßen ist bekannt, daß in anliegenden Häusern eine ungewöhnliche Krebshäufigkeit vorliegt. In den Vorgärten solcher Häuser sind cancerogene, d.h. krebserzeugende Stoffe bis 100mal mehr nachweisbar als z.B. im autofernen Berg- oder Wiesengelände. Wohnungswechsel erst bei Erkrankung?

Energetische Reizzonen krebswirksam? Rutengänger sagen, daß diese dort, wo Wasseradern in ihrem Lauf gestört sind oder wo zwei verschiedene Erdschichten aufeinanderstoßen, auftreten und eine schädigende

Wirkung auf Pflanze, Tier und Mensch haben können. Nach anfänglichem Mißtrauen habe ich mich von der Wirksamkeit solcher Reizzonen überzeugen können. Es kam nämlich eine Bauernfamilie zu mir, in der beide, Mann und Frau gleichzeitig, Magenkrebs hatten. Nun ist ein Magenkrebs bei einer Frau selten. Das gleichzeitige Auftreten dieses Krebses bei Mann **und** Frau nach der Wahrscheinlichkeitsberechnung fast unmöglich, so daß als einzige Erklärung eine beiden gemeinsame krebsauslösende Ursache übrig blieb. Ich dachte auch an die entfernte Möglichkeit sogenannter „Erdstrahlen" und ging mit einem als guten Rutengänger bekannten sehr redlichen und zuverlässigen Innungsmeister einer Bäckerinnung zu dem Ehepaar aufs Dorf. Laut Ausschlag der Rute sollten sich unter den Ehebetten zwei Wasseradern kreuzen. Das hätte mich noch nicht überzeugt, denn ich war der überkritischen Meinung, ein Rutengänger würde immer die von ihm „geglaubten" negativen Energien nachweisen können. Aber nun kam durch einen Zufall der Schwiegersohn der alten kranken Leute. Wir drückten ihm die Rute in die Hand. Vorher war er noch nie mit einer Rute gegangen. Da er nicht dabei gewesen war, konnte er auch nichts von dem positiven Resultat wissen. Bei ihm schlug die Rute aber an genau derselben Stelle aus, nämlich unter den weggeräumten Ehebetten. Dieser eindeutige Blindversuch überzeugte mich. Danach ließ ich seit ca. zwei Jahrzehnten immer die Betten der Krebsleidenden (acht Stunden ist der Mensch durchschnittlich im Bett, also lange einer negativen Strahlung bei Bewegungsruhe ausgesetzt) durch Rutengänger untersuchen und ich weiß von keinem Einzigen, bei dem das Bett nicht in einer negativen Strahlungszone gestanden hätte.

Zu denken gab mir auch der Fall einer schätzenswerten Frau, die in der Ernährung und auch sonst lebensgesetzlich vorbildlich gelebt hatte, und doch an Krebs verstarb. Bevor die Diagnose endgültig gestellt wurde, die genannte Frau aber anhaltend kränkelte, wurde schließlich ein seriöser Rutengänger geholt. Er stellte für den Schreibtisch und den Bettplatz eine äußerst negative Strahlung fest, bemerkte dazu, er fürchte, er käme schon zu spät. So war es.

Wie hoch der Stellenwert einer solchen **Strahlenbelastung** jeweils ist, ob er zu 10%, oder 20% oder 50% am Ausbruch der Krankheit beteiligt ist (es wird in jedem Falle verschieden sein), das können wir nicht wissen und hat für uns auch keine wesentliche Bedeutung. Wichtig ist nur, daß hier offenkundig ein bedeutsamer Faktor vorliegt, der das Faß der belasteten Gesundheit schließlich zum Überlaufen bringen kann.

Konsequenz: wenn erkannt und irgendwie möglich, **mit dem Bettplatz heraus aus dem negativen Bereich.** Abschirmgeräte nur dann, wenn keine Möglichkeit des Platzwechsels. Ein seriöser Rutengänger ist Voraussetzung. Bedauerlich, daß diese negative Strahlung, die mit okkulten

Phaenomenen nichts zu tun hat, nur erkennbar wird über das menschliche Nervensystem und so Fehlleistungen nicht immer vermieden werden können. Es sieht aber so aus, als ob in absehbarer Zeit Geräte entwickelt würden, die genannte Strahlungen objektiv werden messen können.

Mit der oben genannten energetischen Sanierung von Bett und Arbeitsplatz ist es nach neuesten Erkenntnissen nicht ausreichend getan. Es muß die energetische Sanierung des krebsbedrohten Menschen von Streß wie der krankmachenden Luft der Großstadt, vgl. Smog, hinzukommen. Noch bedrohlicher für den Kranken erscheinen häufiger hochgradige Ehekonflikte und Zerwürfnisse sowie Auseinandersetzungen am Arbeitsplatz. Frauen, deren Krebs mir durchaus heilbar erschien, gingen bei schweren Eheauseinandersetzungen mit nachfolgender Scheidung zugrunde. Das unterstreicht die Wichtigkeit der seelischen Sanierung, nötigenfalls durch Hinzuziehung eines Seelenarztes, eines Psychotherapeuten.

Zu allen diesen gar nicht hoch genug zu bewertenden Kunsthilfen hat immer die richtige Ernährung, die „Bestkost" zu treten, die die Gärung drosseln und mit ihren lebendigen Nahrungsanteilen möglichst reichlich belebende Atmungsfermente zuführen soll. Eine solche Kost sollte die naturgegebene Basis jeder Behandlung abgeben. Die Notwendigkeit ergibt sich auch aus der nachfolgenden Darstellung der Krebsursachen.

X. Krebsentstehung durch chronische Reizzustände und durch krebserzeugende Stoffe

Wenn ich auch mit vielen anderen aus dem Kreise der natürlichen Heilweisen und längst vor uns große Ärzte wie Bircher-Benner, Kollath usw. die *heutige Zivilisationskost* für unseren westlichen Lebensbereich als die bedeutsamste Krebsursache ansehe, was ich im Kapitel XII ausführlich behandele, so möchte ich aus Gründen der einfacheren Darstellung zunächst doch von den allgemein anerkannten Anschauungen der heutigen Universitätsmedizin ausgehen. Diese z. Zt. vorherrschende Lehrmeinung, genannt die heutige Wissenschaft, rechnet bei der Entstehung der vielen sehr verschiedenartigen Krebsleiden außer den seltenen, als erblich erwiesenen Arten und den wenigen angeborenen Formen, eigentlich nur mit *2 Hauptursachen:*

a) Entstehung durch einen chronischen Reizzustand, z. B. bei nicht heilenden Geschwüren;

b) durch Karzinogene, d. h. durch krebsfördernde Stoffe, von denen uns bis heute mehr als 1000 bekannt wurden.

Betrachten wir zunächst etwas eingehender die Entstehung durch *chroni-*

sche Reizungen, die eher durch irgendwelche chronischen Entzündungen als durch Bakterien oder andere Kleinstlebewesen hervorgerufen werden. Wollen wir dabei noch einmal klar herausstellen, daß Krebs eben nicht durch die Keime selber, sondern durch die von den Keimen unterhaltenen hartnäckigen Entzündungen veranlaßt wird.

Hierher gehört der in Ägypten gehäuft vorkommende Blasenkrebs bei unerheblicher, aber hartnäckiger Entzündung durch Wasserparasiten und der auffällig vermehrt auftretende Wangenkrebs bei den Betelkauern in Ostasien, die jeweils eine in aromatisch scharfe Blätter gewickelte Betelnuß stundenlang zwischen Zähnen und Wangeninnenfläche reibend hin- und herschieben.

Weiter können wir die ungewöhnliche Verbreitung des Speiseröhrenkrebses unter den Orientalen und besonders unter den Chinesen und schließlich unter den Hirten der argentinischen Hochländer auf chronische Reizwirkungen zurückführen. Hier ist der gewohnheitsmäßige Genuß allzu heißer Getränke verantwortlich zu machen. Der Hitzereiz dürfte auch die vorwiegende Ursache für den Lippenkrebs vieler Männer sein, die jahrelang Tonpfeife rauchten.

Noch eine bedeutsame Tatsache: Die Beschneidung verhütet den Krebs des männlichen Gliedes, z. B. bei Juden, die am 8. Tage nach der Geburt beschnitten werden. Umgekehrt ist er unter den männlichen Chinesen tatsächlich eine der verbreitetsten Krebsformen, tritt gehäuft auch auf unter der Negerbevölkerung der Südstaaten in den USA, d. h. überall dort, wo die Sauberhaltung des Penis vernachlässigt wird. Die Innenfläche der Vorhaut sondert nämlich eine fettige Substanz ab, die bei Ansammlung eine chronische Entzündung des Gliedes hervorrufen kann. Also auch hier wieder der *langwirkende Reiz,* der offenkundig zu einem erheblichen Teil auch für den Unterleibskrebs der Frauen verantwortlich gemacht werden muß. So gibt es in Palästina, d. h. im gleichen Land bei sonst gleichbleibenden Lebensbedingungen bei den Frauen der beschnittenen Juden kaum einen Krebs des Gebärmutterhalses, bei den Frauen der unbeschnittenen Christen diesen aber nicht weniger häufig als in Europa. Diese Beobachtungen stammen noch aus der Zeit vor der Begründung des Staates Israel, als relativ noch mehr Christen in Palästina lebten. Die Ursache dürfte also bis zu einem erheblichen Grade klar sein und damit auch die Möglichkeit der Verhütung durch eine wirklich ausreichende Körperhygiene des Mannes.

Bekannt und vermeidbar sind weiter die Hautkrebse durch übermäßig lange Besonnung; genannt sei hier der Seemannskrebs. Schließlich sei noch zu erinnern an die Krebsformen, die sich aus hartnäckigen, nicht heilenden Unterschenkelgeschwüren und Brandwunden, aus chronischen Hauttuberkulosen (Lupus) und, wenn auch umstritten, aus hartnäckigen Magengeschwüren (man rechnet hier bis zu 5%) und sogar bei Steinbildung in Gallenblase, den Nieren, in der Harnblase (Steindruck/wiederkehrende Entzündung) entwickeln können.

Noch einmal wiederholt: immer geht es um *langdauernde Reize,* nicht um Bakterien als Ursache. So muß auch zumindest beim Menschen die Krebsentstehung durch Ansteckung entschieden abgelehnt werden; denn eine Ansteckung wurde noch nie beobachtet. Nicht einmal die Überpflanzung von Geschwülsten von Krebskranken auf Gesunde führt zu deren Erkrankung. Die gesunden Abwehrkräfte führen einfach zum Abstoßen dieser Fremdzellen. Wohl aber gehen diese bei anderen Krebskranken an. Das beleuchtet wieder die außerordentliche Bedeutung der Widerstandskraft des Gesamtorganismus für das Krebsgeschehen.

Als zweite *Hauptgruppe* der uns bekannten krebserzeugenden Faktoren nannten wir die *Karzinogene,* d. h. Stoffe, die zur Bildung von Krebsen führen. Wir kennen bereits mehr als 1000 derartige chemische Stoffe. Diese Forschung begann mit einer englischen Veröffentlichung bereits 1775 über den Schornsteinfegerkrebs (durch Kaminruß) und setzte sich fort ca. 100 Jahre später durch Mitteilungen über Hautkrebs bei Teerarbeitern und über Blasenkrebs bei jahrzehntelang in Anilinfabriken Beschäftigten. Inzwischen hat die Nutzanwendung dieser Forschungen solche Berufskrebse verschwinden lassen. Weitere wissenschaftlich gesicherte Erkenntnisse, die Zusammenhänge aufdeckend, gewannen wir dann durch die Entdeckung des experimentellen Teerkrebses vor ca. 50 Jahren. Pinselte man nämlich die Ohren von Kaninchen oder die enthaarte Rückenhaut von Mäusen über lange Zeit immer wieder mit Steinkohlenteer ein, dann kann man mit der Sicherheit des Experiments jeweils einen Hautkrebs erzielen. Damit war also die sogenannte „karzinogene“ Wirkung dieses Teers eindeutig erwiesen.

Mit ähnlichen Versuchen konnte man den eingeatmeten Teer der Zigarette als den Lungenkrebs erzeugenden Stoff dieses beliebten Glimmstengels eindeutig nachweisen. Weiter wurden aus dem Steinkohlenteer eine ganze Reihe von Einzelsubstanzen als karzinogen erkannt, deren krebsaktivste das 3,4-Benzpyren ist (enthalten in Asphalt und den Auspuffgasen unserer Autos). Von der Klasse dieser mehrkernigen aromatischen Kohlenwasserstoffe kennt man bereits 200 aktive Verbindungen mit krebsauslösender Wirkung. Früher wurden diese, d. h. das sogenannte Buttergelb, in erheblichem Maße als Farbstoffe oder Konservierungsmittel in der „Lebensmittelindustrie“ verwandt. In unserem vor einigen Jahren erlassenen Lebensmittelgesetz wurde der Zusatz des größten Teils dieser Stoffe verboten und der restliche noch zugelassene muß so gekennzeichnet werden, daß der Verbraucher über die möglichen Gefahren wenigstens in etwa unterrichtet wird. Klar sein müssen wir uns auf alle

Fälle darüber, daß alle Zusatzstoffe, die konservierend wirken, krebsfördernd wirken müssen, da Konservierung letzthin Aufhebung oder zumindest Verlangsamung der Lebensprozesse, nämlich der inneren Zellatmung durch Blockierung der Atemfermente, bedeutet. Insgesamt sind wir auf diesem Gebiet immerhin weitergekommen. Das gilt leider nicht für die *drei bedeutsamsten krebserzeugenden Faktoren: die Teerprodukte der Zigarette, die Luftverschmutzung durch die Abgase von Autos, Industriebetrieben und Ölheizungen sowie die konzentrierten Alkoholika.*

XI. Die Zigarette als krebserzeugender Faktor

Die ausschlaggebende Rolle des Zigarettenkonsums für die Entstehung des Lungenkrebses kann heute nach vielfachen Großuntersuchungsreihen, vor allem in den USA, nicht mehr abgelehnt werden. Dem ansteigenden Verbrauch folgte bisher in allen Ländern ca. 20 Jahre später (so lange bedarf es, bis der Tumor den Ärzten im Röntgenbild usw. erkennbar wird) die ansteigende Flut der Lungenkrebse. Während meines Medizinstudiums vor 40 Jahren war er bei Sektionen noch äußerst selten, heute macht er in unserer Männerwelt schon 25% aller auftretenden Krebsformen aus (seit zunehmendem Rauchen der Frauen auch bei diesen steil ansteigend) und in den USA bereits 40%. Auch an der Entstehung aller anderen Krebsformen ist er nachweislich beteiligt. Am Rande genannt sei die wesentliche größere Häufigkeit nachfolgender Krankheiten bei Zigarettenrauchern: Herzinfarkt, Bronchitis, Lungenblähung, Magen-Darm-Geschwüre, Gefäßleiden und verschiedene andere Krebsformen, z. B. auch das Karzinom der Harnblase. Über 10 000 Amputationen an Raucherbeinen pro Jahr in der Bundesrepublik dürfen nicht unerwähnt bleiben. Insgesamt senkt der

Zigarettenkonsum des Rauchers die Lebenserwartungen deutlich gegenüber dem Nichtraucher, nämlich um 3 bis 8 Jahre. Am stärksten wird dies z. Zt. deutlich in der Altersklasse von 45 bis 60 Jahren. Hier sterben bei uns jährlich doppelt so viel Raucher wie Nichtraucher. Bei einer abgerundeten Darstellung der Schadwirkung der Zigarette muß auch das „passive Rauchen" unbedingt einbezogen werden. Dies wird bei einem Aufenthalt in verräucherten Lokalen, z. B. in Raucherabteilen der U-Bahnen und anderer Verkehrsmittel, leider auch oft am Arbeitsplatz und dort nicht selten von rücksichtslosen Arbeitskameraden erzwungen, häufig bedeutungsvoll sein. Unlängst bezeichnete ein Arzt in seinem Vortrag das Zigarettenrauchen als den Selbstmord des weißen Mannes. Die Regierungen der USA, Englands und Italiens haben sich von ihren wissenschaftlichen Experten überzeugen lassen und bemühen sich durch Aufklärung und Einschränkung der Reklame um eine Eindämmung des Konsums bei ihren gesundheitsbewußten Staatsbürgern.

Was konnte damit erreicht werden? In den USA verringerte sich *zunächst* laut letzter Erhebung von 1969 die Zahl der Zigarettenraucher (die der Pfeifen- und Zigarrenraucher ging schon seit längerem zurück, und ihre Vertreter sind offenkundig zahlenmäßig nicht erheblich am Krebsgeschehen beteiligt) um jährlich 1½ Millionen. Insgesamt – so hieß es – hätten bis 1969 13 Millionen das Rauchen aufgegeben, aber danach kam es doch wieder trotz aller Warnaufschriften auf den Zigarettenschachteln zu einem neuen deutlichen Anstieg der Zahl der Raucher.

Bei den englischen Ärzten zeigt sich der Erfolg einer ähnlich erheblichen Einschränkung des Zigarettenkonsums an einem deutlichen Rückgang der Zahl der Lungenkrebse, während in der übrigen Bevölkerung Englands noch ein weiteres Ansteigen vorliegt, und damit noch ein Beweis des Zusammenhangs.

Bei uns in der Bundesrepublik geschah bis auf einige regierungsamtliche Aufklärungsschriften praktisch nichts. Zur Zeit jährlich, z. B. 1968 in der Bundesrepublik 23 300 Todesopfer an Lungenkrebs durch die Zigarette! Sind der drohende Verlust von Geldern aus der Zigarettensteuer und möglicherweise massiver Druck einer mächtigen Industrie die Ursachen, daß keine Regierung bisher etwas zum Schutz ihrer Bürger unternahm oder unternehmen durfte?

In dem Buch von Dr. Ferdinand Schmidt „Ist Krebs heilbar?", einer lohnenden Aufklärungsschrift, handelt fast ¼ der Seitenzahl über Lungenkrebs und Zigarettenkonsum. Einiges daraus: „Bei Rauchen von 20 Zigaretten werden täglich 356 mg Teerprodukte über die Lungen aufgenommen. Nichtrauchende Glaubensgemeinschaften wie die Adventisten des 7. Tages und die Parsen haben trotz gleicher Umgebung den epidemieartigen Anstieg von Krebs der oberen Luftwege nicht mitgemacht, und es gibt Gebiete ohne stärkere Industrie und geringen Autoverkehr, wo bei hohem Zigarettenkonsum der Anstieg an Lungenkrebs sehr hoch ist, z. B. die Lagunenstadt Venedig ohne Autos und ohne wesentliche Industrie. In dem Terry-Report, dem bekannten für die amerikanische Gesundheitsbehörde verfaßten Bericht über Krebsursachen, erklärten die 10 amerikanischen Wissenschaftler, die das Material als Sachverständige prüften, mit der überwiegenden Anzahl von Experten: ‚*Die Wirkung des Zigarettenrauchens überragt alle anderen Faktoren bei weitem*‘."

Erwiesene Tatsache ist immer noch, daß Lungenkrebs bei Nichtrauchern extrem selten ist, aber jeder 7. Raucher (Zigaretten), der 20 Jahre und länger täglich 20 Zigaretten und mehr raucht, mit Lungenkrebs rechnen muß; bei Ansteigen des Konsums steigt natürlich noch die Häufigkeit. 98% aller Lungenkrebskranken sind Raucher.

Industrie- und Autoabgase können wohl eine gewisse Rolle (3,4-Benzpyren-Gehalt) spielen, doch nach Schätzung von Experten im Verhältnis zum Zigarettenkonsum höchstens von 1:5. Dementsprechend haben die allergeringsten Aussichten, einen Lungenkrebs zu bekommen, die Nichtraucher auf dem Lande. Wer raucht, möge sich rechtzeitig von seiner Leidenschaft befreien; denn insgesamt kann nur jeder 20. an Lungenkrebs Erkrankte, und dann auch nur durch eine große Operation, gerettet werden. Die Entwöhnung ist nicht so schwierig und aussichtslos, wie man meist glaubt. Unter ärztlich medikamentöser Nachhilfe und unter Erleichterung durch eine zumindest vorwiegend lactovegetabile reizlose Kost sollte es immer gelingen können. Am besten und leichtesten wird es meist im Urlaub geschafft.

Es dürfte hier erwähnenswert sein, daß sich Vorkrebsformen (Praekancerosen) an den Schleimhäuten der oberen Luftwege, sogenannte Leukoplakien, nach Einstellung des Zigarettenrauchens noch zurückbilden können. Es lohnt sich also immer, aufzuhören, und zwar um so mehr, als die Heilungsaussichten bei dem Lungenkrebs schlecht sind und nur im Beginn noch echte Chancen bestehen, dann aber auch nur durch eine große Operation. Das Tückische ist hier aber, daß die Anfangsstadien so selten erfaßt werden, denn es gibt bei diesem Leiden keine speziellen Warnzeichen. Es könnten zwar solche genannt werden: hartnäckiger Husten, etwas Auswurf, eine mäßige Kurzatmigkeit und Beengungsgefühl auf der Brust, aber an solche Erscheinungen ist der langjährige Raucher allzusehr gewöhnt. Er erkennt sie nicht als mögliche Frühzeichen. Auch eine gewisse Steigerung dieser Beschwerden treibt ihn bedauerlicherweise meist noch nicht zum Arzt, zu evtl. Auswurfuntersuchungen und den erforderlichen Rö.-Kontrollen. Erst blutiger Auswurf, vielleicht auch Fieber, große Schwäche und Gewichtsabnahme alarmieren schließlich auch ein eingeschläfertes Gesundheitsgewissen, aber dann ist es meist zu spät. Deshalb rechtzeitig aufhören! Wenn 13 Millionen Raucher in den USA aufgaben, dann kann es bei etwas energischem Wollen schließlich auch jeder durchschnittliche Mensch bei uns. Die Teerprodukte der Zigarette wirken aber nicht nur krebserzeugend auf die Lungen, sondern auch auf das gesamte Gebiet der oberen Rauchstraße, angefangen von den Lippen, der Mundhöhle, dem Zahnfleisch, der Zunge und den Gaumenmandeln (bisher fast nur bei Männern, sicher häufig in Zusammenhang mit erheblichem Alkoholkonsum) bis zur häufigsten Form, dem Kehlkopfkrebs (Rauchstau in dieser Enge). Alle diese Krankheiten einschließlich des zigarettenabhängigen Blasenkrebses sind gleichfalls mit dem Zigarettenkonsum angestiegen und sind um so häufiger, je mehr pro Tag und je länger bereits geraucht wurde. Der Kehlkopfkrebs ist nur bei Früherkennung gut heilbar, dann immerhin in 8–9 von 10 Fällen, wenn z. B. erst ein Stimmband befallen ist; bei einer Spätdiagnose gilt die Situation als aussichtslos, deshalb sei wegen dieser Wichtigkeit der Frühdiagnose auf das Hauptsymptom: *anhaltende Heiserkeit* ganz besonders hingewiesen. Also bei jeder Heiserkeit, die länger als 3 Wochen dauert, sollte ein Facharzt unbedingt den Kehlkopf spiegeln.

XII. Alkohol und Krebs

Nicht weniger unbeliebt als mit dem Hinweis auf die Zigarette macht man sich dann, wenn man in unserer trinkfreudigen Zeit auf den Zusammenhang von Alkohol und Krebs hinweist. Bei dem vorgenannten Dr. F. Schmidt heißt es: „Der Wohlstandsalkoholismus hat in der Bundesrepublik beängstigende Ausmaße angenommen. Im Jahre 1966 wurden pro potentiellem Verbraucher (Einwohner über 15 Jahre) 164 Liter Bier, mehr als 3 Ltr. hochprozentige alkoholische Getränke und 2 Ltr. Schaumwein getrunken. Nicht weniger als 30,7 Milliarden DM wurden 1974 in der Bundesrepublik für alkoholische Getränke ausgegeben. Das bedeutet, daß jeder Einwohner durchschnittlich für mehr als 700 DM Alkoholika konsumierte."

Direkt erweisen läßt sich der Zusammenhang Alkoholika und bösartige Geschwulste anhand einer Tabelle, auf der die Häufigkeit der Erkrankungen des Speiseröhrenkrebses dargestellt wird. Danach ist dieser bei Gastwirten 25mal häufiger als bei Geistlichen, die statt hochkonzentriertem Schnaps, wie bei Gastwirten üblich, einen „guten" Tropfen zu sich nehmen und überhaupt weniger zu trinken pflegen. Eine ähnliche Tabelle zeigt entsprechend bei Gastwirten die zwanzigfache Zahl an Zungenkrebserkrankungen wie bei Geistlichen. Die Erklärung ist einfach und zwingend. Konzentrierte Alkoholika schädigen immer die Schleimhäute, über die sie herabfließen, so wie es jeder als Brennen im Hals nach trinken von hochprozentigem Alkohol zu spüren bekommt. Natürlich ist die Schädigung um so stärker, je häufiger derartig getrunken wird. Die chronische Reizwirkung bei dauerndem Alkoholmißbrauch muß danach an der Krebsbildung ganz besonders in bestimmten Verdauungsgebieten maßgeblich beteiligt sein. Für Zungen- und Speiseröhrenkrebs konnte man den Zusammenhang also eindeutig erweisen, wobei als Gegenbeweis noch erbracht werden kann, daß in den USA bei den nichtrauchenden und nichttrinkenden Adventisten sich die Erkrankungshäufigkeit an Krebs der Mundhöhle, des Kehlkopfes und der Speiseröhre auf 1/8 gegenüber dem Durchschnitt der Vergleichsbevölkerung erniedrigt. Es kann darauf hingewiesen werden, daß es sich auch bei dem anscheinend eindeutig durch den übermäßigen Alkoholgenuß bedingten Krebs der oberen Verdauungsorgane trotzdem immer um einen komplexen Vorgang handelt; denn bei den reichlich Alkohol Konsumierenden und auch bei starken Rauchern besteht fast gleichzeitig immer eine erhebliche Fehlernährung mit Mangel an Frischkost, Spurenelementen usw. So kann es sich auch einmal um einen Mangel an Eisen in der Nahrung handeln; denn in Schweden entwickelt sich der Speiseröhrenkrebs häufig auf der Basis einer durch Eisenmangel bedingten Speiseröhrenentzündung. Durch Zugabe von Eisen zum Brot konnte bezeichnenderweise diese Krebsform zurückgedrängt werden.

Erkennbar wird für den Erkrankten der Krebs in der Mundhöhle, z. B. an der Zunge, durch hartnäckige Schleimhautveränderungen über dem Niveau der normalen Schleimhaut. Sie fühlen sich meist hart an, neigen zu geschwürigem Zerfall bei erhaltendem derben Rand und werden dann durch Infektion sehr schmerzhaft. Der Speiseröhrenkrebs zeigt sich dem Befallenen zuerst durch Schluckbeschwerden und durch ein Gefühl an, als ob die Speisen auf ihrem Weg zum Magen ein Hindernis überwinden müßten, so als wenn sie stecken bleiben wollten. Echte Früherscheinungen fehlen bedauerlicherweise auch hier.

Dasselbe gilt für das Auftreten des echten (primären) Leberkrebses (in der Leber beginnend), bei dem wiederum der chronische Mißbrauch des Alkohols eine bedeutsame Rolle spielen dürfte. Auch hier hilft praktisch nur vorbeugen.

Weniger eindeutig ist die Bedeutung des Alkohols für die beim Manne zumindest zahlenmäßig bedeutsamste Krebsform: den Magenkrebs. Kein Magenkrebs entsteht in einem völlig gesunden Magen, und das gilt auch dann, wenn ein sogenannter Magenathlet bei einem sehr robusten Nervensystem seitens seines erkrankten

Magens keine Warnsignale erhält. Ein chronischer Alkoholmißbrauch führt nun aber sehr häufig zu einer chronischen Reiz-Entzündung der Magenschleimhäute, und auf dieser Basis entsteht sehr oft der Magenkrebs. Aber sicher gibt es noch eine ganze Reihe anderer Faktoren, die bestimmend für die Entwicklung einer chronischen Magenschleimhautentzündung sein können und damit der Krebsbildung den Weg bereiten. Häufig führt z. B. eine solche hartnäckige Entzündung zum Schwinden eines mehr oder minder großen Teils der Magenschleimhaut mit ihren Verdauungsdrüsen. Eine verminderte oder ganz fehlende Säureproduktion ist dann die Folge. So erkranken derartige Patienten mit einer Mangelleistung an Säurebildung nachgewiesenermaßen häufiger an Magenkrebs als die übrige Bevölkerung.

XIII. Zivilisationskost als Krebsursache (dargestellt am Magenkrebs)

Verständlicherweise hat man sich immer wieder darüber Gedanken gemacht, was die Hauptursachen (außer dem Alkohol – in gewissen Berufsgruppen usw. –) für den Magenkrebs sein können. Dabei fiel auf, daß der Krebs der Magenschleimhaut bei fast allen Tieren im Gegensatz zum Menschen außerordentlich selten ist. Das spricht eindeutig dafür, daß in erster Linie die menschliche Zivilisationskost als Ganzes krebserzeugend für das Magen- und wahrscheinlich das Darmgebiet anzusprechen ist. Da wir aber vielerlei essen, ist es schwer, ein einzelnes Nahrungsmittel anzuschuldigen. Es dürfte um die Kombination vieler gleichsinnig schädigender Nahrungs- und Genußmittel mit ihren häufig wiederkehrenden Reizwirkungen gehen. Man denke an die Angewohnheit des heißen Trinkens usw. Gleichzeitig kommt meist dazu eine Mangelernährung, die in unserer Zivilisation allzu häufig ist. Sie ist durch eine Unterbilanz an Lebendsubstanzen, wie z. B. natürlichen Vitaminen, charakterisiert.

Unsere Ernährung ist gegenüber der weitgehend naturbelassenen Nahrung der Tiere durch Erhitzen, Bakken, Rösten, Braten, Grillen und Räuchern ausgesprochen verkünstelt. Durchschnittlich überlasten wir laufend unseren Verdauungsapparat durch zu vieles Essen; der Durchschnittsbürger nimmt heute bei leichter Arbeit oder sitzender Tätigkeit fast 3000 Kalorien zu sich, das entspricht einer Menge, die man früher für einen Schwerarbeiter für nötig hielt. Weiter ist der Anteil der Fette, und zwar speziell der Schlachtfette, insbesondere von Masttieren, im mittel- und nordeuropäischen Raum in beängstigendem Maße angestiegen, gleichzeitig sank der Verbrauch an ballastreichen, stuhlgangsfördernden Kohlenhydraten wie Vollkornerzeugnissen und Frischkost sehr unerwünscht ab. Fette und fettähnliche Stoffe werden durch Erhitzen beim Braten und Rösten zu Krebserregern. Fast alle krebserregenden Stoffe sind in Wasser unlöslich; dagegen lösen sie sich leicht in Fetten und gelangen durch deren Verzehr in engste Berührung mit den Schleimhäuten des Verdauungskanals. In gleicher Weise kommt es zu einer Aufnahme der Insektizide, der chemischen Spritzmittel unserer Landwirtschaft. Diese werden zunächst in die fettartigen Stoffe (Lipoide) der Pflanzen, z. B. des Grases auf den Wiesen und der Gemüse und des Obstes in Garten und Feld sowie in den Kleinstlebewesen (Plankton) der Meere und der Seen eingelagert. Beim Verzehr durch Wild- und Haustiere kann es dann zu einer zunehmenden Anreicherung dieser Fremdsubstanzen bis zu höchsten Mengen in den Körperfetten kommen. So müssen wir heute mit einem erheblichen, oft schon bedrohlichen Gehalt dieser chemischen naturfremden Stoffe auch in unseren tierischen Nahrungsmitteln mit Maximum in den Fetten rechnen. Unsere Wissenschaftler geben dafür folgende Erklärung: Insektizide können deshalb nicht abgebaut werden, weil für diese neuartigen chemischen Kunststoffe von der Natur kein Abbauprozeß vorgeplant sein kann. Daher schiebt der Organismus sie jeweils in sein Fettdepot ab, und eine jede Art reicht sie der nächsten beim Verzehr unverändert weiter zu ständig gesteigerter Anhäufung. Der Gehalt des DDT im Plankton beträgt z. B. nur ½ mg pro kg; im Körper der Fische, die vom Plankton leben, erfolgt bereits eine mehr als 10-fache Anreicherung. Schließlich erreicht das DDT im Fett des Seeadlers, der sich von Fischen ernährt, den Maximalwert von 1½%. Wie solche Raubvögel steht auch der Mensch am Ende einer solchen bedrohlichen Nahrungskette. Das kann und wird nicht ohne Folgen bleiben können. Inwieweit die einzelnen Insektizide und ihre Umsetzungen in Pflanze und Tier allerdings *direkt* als krebserzeugend anzusprechen sind, läßt sich bei der zu kurzen Beobachtungsdauer ihrer Anwendung und der Vielzahl ihrer chemischen Verbindungen (123) und Präparate (1200) in der Bundesrepublik z. Zt. wohl kaum ermitteln. Aber eine Veröffentlichung der Universität Miami (USA) 1969 besagt: In den Geweben von Krebs- und Leberkranken betrug der Gehalt von DDT das Dreifache wie bei Unfalltoten. Das spricht immerhin erheblich für einen bedeutungsvollen Zusammenhang. So wird man auch verstehen, warum später in der Rezeptsammlung immer auf Produkte aus dem biologischen Landbau hingewiesen wird, die eben außer anderen den Vorzug haben, ohne chemische Spritzmittel erzeugt zu sein.

Auch die Häufung des Magenkrebses in bestimmten Ländern, z. B. in Island, Japan und Chile, gegenüber der relativen Seltenheit (in Bezug auf andere Krebsformen) der Krebse im Magen-Darm-Kanal in südlichen Ländern wie Java (5%), Thailand (4%), Kolumbien (5%) und Ecuador (1%) lassen uns wiederum annehmen, daß der Ernährungsfaktor weitgehend entscheidend ist. *Einseitige vitaminarme Diät wird als bestimmend angesehen;* denn die Häufung des Magenkrebses gilt nicht nur für Island, sondern auch für andere nördliche Länder, in denen wenig Gemüse und kein Obst mehr angebaut werden kann, natürliche Vitaminträger also fehlen, während gleichzeitig überreichlich Fleisch und Fett, insbesondere in geräuchertem Zustande, gegessen wird. Auch die einseitige Ernährung mit geschältem Reis in vielen Gebieten Japans ist sicher vitaminarm. Trotz Fehlens großer Reihen von Tierversuchen dürften diese ungewollten Menschen-Groß-Experimente einer Fehlernährung bzw. einseitiger Mangelernährung in den genannten Ländern ausreichen, die Zivilisationsernährung als Ursache für die Krebsentstehung im Magen-Darm-Kanal anzuschuldigen.

Als weiterer Hinweis für die Bedeutung spezieller schädlicher Formen von Zivilisationskost sei die auffallende Häufung von Magenkrebs in Nord- und Südtirol (in einer Gemeinde macht der Magenkrebs 40% aller Krebsfälle aus) genannt. Von der meist ländlichen Bevölkerung wird viel geräucherter und gebratener Speck verzehrt, und dazu trinkt man in Nordtirol Schnaps und Most, in Südtirol Wein. Die *Kombination von Speck und Alkohol* dürfte hier Ursache der weit über den mitteleuropäischen Durchschnittszahlen liegenden Magenkrebsfälle sein.

Zu ähnlichen Ergebnissen kommt eine amerikanische Studie an Magenkrebskranken, die übernormal geräucherten Speck, obendrein viel tierisches Fett und Schweinefleisch genossen hatten. Ähnlich ernähren sich in Osteuropa die Polen und in den USA die Neger; beides Bevölkerungsgruppen mit hohem Magenkrebsbefall.

Wenn nun einmal das Unglück geschehen ist, an welchen Krankheitszeichen könnte man schon früh und damit rechtzeitig einen Magenkrebs erkennen? Es werden angegeben: Unverständliche Appetitlosigkeit über mehrere Wochen anhaltend, stärkere Gewichtsabnahme ohne ersichtlichen Grund, Widerwille gegen Fleischspeisen und Übelkeit besonders am Morgen, Schmerzen im mittleren Oberleib, Bluterbrechen und schwarzer Kot finden sich meist erst wesentlich später. Als aussichtsreich gilt in der offiziellen Medizin nur frühzeitige Operation, die leider wegen Hinausschieben einer eingehenden ärztlichen Untersuchung, wozu heute unbedingt die Röntgenuntersuchung und neuerdings auch eine Magenspiegelung gehört, meist zu spät kommt.

XIV. Weitere Krebsarten

Dickdarmkrebs: Unter bewußter Vernachlässigung des auffallend seltenen Dünndarmkrebses noch ein Wort über den Dickdarmkrebs und dessen häufigste Form: den Mastdarmkrebs. Über seine Ursachen erfahren wir aus dem ärztlichen Schrifttum erst in der allerjüngsten Zeit mehr. Der Chirurg Denis Burkitt beweist in einem Vortrag v. 18. 1. 71 in San Diego an Hand ausgefeilter Statistiken, daß die Häufigkeit der Erkrankung an Darmkrebs um so höher liegt, je raffinierter und je schlackenärmer die Kost ist. Eingehende Untersuchungen ergaben, daß die Verweildauer des Speisebreis im Darm, d. h. die Zeit von der Nahrungsaufnahme bis zur Entleerung, bei der schlackenreichen Kost z. B. bei primitiv lebenden Afrikanern nur 35 Stunden beträgt, während sie bei den Schülern in einem englischen Internat bei einer raffinierten schlackenarmen Kost bis auf das 2½fache, nämlich 89 Stunden, ansteigt. Entsprechend liegt die geringste Häufigkeit an Dickdarm- und Mastdarmkrebs in afrikanischen Gebieten südlich der Sahara, umgekehrt die größte in Ländern mit besonders ausgeprägter Zivilisationskost wie Großbritannien und den USA. Wir wissen aber schon lange, daß die an sich recht harmlosen Polypen dieses Darmabschnittes dazu neigen, ins Bösartige umzuschlagen. Warum? Natürlich liegt es nahe, wie beim Magenkrebs, auch hier an Schädigungen im Zusammenhang mit einer fehlerhaften Ernährung zu denken, vgl. auch die oft vorhergehende hartnäckige Verstopfung. Im Gegensatz zum Magenkrebs sind die Heilungsaussichten des Dickdarmkrebses bei rechtzeitiger Operation aber ungewöhnlich gut, betragen nämlich 70%. Diese erfreuliche Heilbarkeit hängt sicher weitgehend damit zusammen, daß sich die Frühzeichen eindrucksvoll anzeigen. So seien hier nach Professor Cameron noch einmal einprägsam aufgeführt:

„1. Im Stuhl sichtbare oder Blutarmut verursachende Blutungen oder beides gleichzeitig.
2. Ein beständiger Wechsel in der Verdauung: Durchfall oder Verstopfung oder beides. Achtung: Stuhlverstopfung bei älteren Menschen mit sonst geregeltem Stuhlgang!
3. Vermehrte Gasbildung, die verschiedenartige (meist krampfartige) Leibschmerzen macht."

Das gewöhnlich erste Anzeichen für Mastdarmkrebs ist Blut im Stuhl. Da nun aber jeder weiß, daß die sehr häufigen Hämorrhoiden recht oft zu Blutungen führen, besteht immer die Gefahr, daß man sich bei dieser Diagnose beruhigt. Dabei wäre außerdem zu bedenken, daß oberhalb von Hämorrhoiden sich noch ein hochsitzender Krebs befinden kann, oder daß beide direkt nebeneinander vorkommen können. Zunächst die einfache ärztliche Fingeruntersuchung, und falls das nicht ausreichen sollte, eine Darmspiegelung und eine Röntgenuntersuchung können im allgemeinen eine schnelle Klärung schaffen, ob wirklich hier ein Krebsleiden vorliegt. Die Moral? Versuchen Sie nie, Hämorrhoiden selber zu behandeln, ehe Ihr Arzt Ihnen nach eingehender Untersuchung versichert, daß die Blutung nicht von einer Geschwulst herrührt.

Noch einmal: der Mastdarmkrebs hat bei rechtzeitiger Operation auffallend gute Heilungsaussichten. Deshalb drängen Sie bei irgendwelchem Verdacht bei Ihrem Arzt auf eine ausreichend eingehende Untersuchung.
Prostatakrebs: Ein anderer, beim Mann gehäuft auftretender Krebs, der der Prostata, d. h. der Vorsteherdrüse (ungefähr jeder 10. Krebs bei Männern ist ein Prostatakrebs), hat wieder deutliche Beziehungen zu der Ernährung. Sie wirkt hier steuernd auf den Hormonhaushalt. So hat neuerdings Dr. Herget darauf hingewiesen, sowohl die einfache Vergrößerung, nämlich Prostatahypertrophie, als auch die krebsige Entartung dieser spezifisch männlichen Drüse beruht weitgehend auf einem Mangel der Nahrung an weiblichen Hormonen, die in bestimmten Wurzelgemüsen vorkommen. Es gibt nämlich in Indonesien, wo solche Gemüse mit hormonartiger Wirkung reichlicher als bei uns gegessen werden, so gut wie keine Prostata-Erkrankungen des alternden Mannes. Der Zusam-

menhang mit weiblichen Hormonen ist auch bei uns wissenschaftlich eindeutig erwiesen; denn durch Zufuhr großer Mengen dieser Hormone kann der Arzt erfahrungsgemäß das Wachstum der genannten bösartigen Geschwulst selber und auch ihrer sehr schmerzhaften Absiedlungen, der vorwiegend in den Knochen lokalisierten Metastasen, weitgehend abbremsen und damit seine Kranken meist schmerzfrei über viele Jahre am Leben erhalten, und zwar auch dann noch, wenn eine Operation nicht mehr möglich ist.

Besser, als immer erneut notwendig werdende Injektionen wäre natürlich und selbstverständlich die vollkommene Ausheilung. Diese können wir aber nur bei frühzeitiger Erfassung durch vollständige Ausschälung der ganzen Vorsteherdrüse mit weitgehender Sicherheit erreichen. Die Schwierigkeit liegt bei der Früh- und Rechtzeitigkeit. Wenn aber jeder Mann mit Störungen und Schwierigkeiten der Harnentleerung, ja jeder Mann über 50 Jahre sich jedes halbe Jahr vom Arzt der ganz einfachen Untersuchung dieser Drüse vom After aus unterziehen würde, was hiermit empfohlen wird, dann sollten wir immer rechtzeitig kommen. Noch besser erscheint uns vorbeugend eine Ernährung mit reichlich Weizenkeimen und Kürbiskernen in den morgendlichen Vollkornbrei hinein.

Der Prostatakrebs ist in ganz besonderem Maße ein Beispiel dafür, wie alles von einer ganzheitlich bestimmten Abwehr anhängt. Bei ungewöhnlich vielen alten Männern finden sich nämlich mikroskopisch nachweisbare Krebsnester in der Vorsteherdrüse, und zwar zunehmend mit steigendem Lebensalter: bei einem Drittel der 70jährigen, bei 50% der 80jährigen und nahezu bei jedem über 90 Jahre. Damit haben aber alle diese Greise (diese Zahlen gelten übrigens nur für den Bereich der europäischen Zivilisation und ihrer Eßgewohnheiten) nur zum geringsten Teil eine wirkliche Krebserkrankung. Die körpereigene Abwehr läßt diese Krebsnester nicht zu einem bedrohlichen Wachstum kommen.

Brustkrebs: Von den männlichen nun noch ein kurzer Blick auf die häufigsten weiblichen Krebsformen: von dem Brustkrebs wurde schon gesagt, daß er bei den Japanerinnen so gut wie gar nicht und bei den Eskimofrauen überhaupt nicht auftrat, solange sie ihre Kinder selbst stillten, d. h. an ihrer eigenen Brust trinken ließen. Seitdem auch bei den Frauen beider Völker die „unnatürliche Ernährung“ der Säuglinge einsetzte, die weibliche Brust sich eben ihrer eigentlichen Aufgabe versagte, näherte sich die Krebshäufigkeit dieser Organe den Zivilisationen europäischer Prägung. Ist es *nur* die mangelnde Funktion allein, die offenkundig krebsfördernd auf die weibliche Brust wirkt? Das erscheint mir deshalb unwahrscheinlich, weil die Einstellung des Stillens nicht die einzige Änderung der Lebensweise der beiden Völker ist. Gleichzeitig mit dieser Einstellung des Stillens kommt es nämlich zu einer radikalen Umstellung in allen Lebens- und Ernährungsgewohnheiten. Die Eskimos, die früher praktisch nur von rohem Fleisch der Tiere, einschließlich des Darminhalts, z.B. von Schneehühnern lebten, die sozusagen nur eine totale Frisch- und Rohkost auf Fleischbasis kannten, stellten sich nun auf eine gekochte Feinkost um, und das mit den besonderen Nachteilen, die diese in einer Zone ohne eigene Erzeugung von Brotkorn, Gemüse und Obst haben muß.

Die zivilisatorischen Einflüsse erscheinen so auch für Entstehung des Brustkrebses weitgehend bestimmend. Seine Häufigkeit macht ihn besonders wichtig: jeder 6. Krebsfall bei Frauen ist ein Brustkrebs, aber glücklicherweise ist nicht jede Geschwulst in der Milchdrüse krebsig, denn das Verhältnis von gutartigen zu den bösartigen Formen beträgt, wie schon erwähnt, 5:1. Die bedeutsamsten Erkennungszeichen: der harte, häufig schmerzlose *Knoten* in der Brust und besonders verdächtig eine einseitig eingezogene Brustwarze oder Absonderung von Blut oder auch nur von fleischfarbenem Sekret aus der Brustwarze. Bemerkt eine Frau solche Anzeichen – sie sollte beim Waschen mindest einmal in der Woche ihre Brüste durchtasten –, dann sollte sie zu ihrem Hausarzt oder einem Frauenarzt gehen, denn der Brustkrebs hat im Stadium I, d.h. im Anfang (isolierter Knoten) eine Heilungsaussicht von 90%. Bei Hinauszögern werden die Chancen schnell wesentlich schlechter, so daß immer wieder gesagt werden muß: keine Vogel-Strauß-Politik! Bei den ersten Anzeichen sollte man auf eine eingehende ärztliche Untersuchung dringen, die rechtzeitig vorgenommen die besten Heilungsaussichten gibt.

Unterleibskrebse: Diese erste Mahnung muß erst recht für alle Anzeichen eines Krebses der eigentlichen weiblichen Geschlechtsorgane gelten. Sie, nämlich die bösartigen Geschwülste der Gebärmutter, der Eileiter und der Eierstöcke machen nämlich allein schon fast 40% aller bösartigen Wucherungen bei der Frau aus; von den Gebärmuttertumoren entfallen ca. 80% auf den äußeren Muttermund; auf ihn allein kommt damit fast ein Viertel aller weiblichen Krebsformen. Es ist wichtig zu wissen, daß die Heilungsaussichten beim Gebärmutterkrebs als durchaus gut gelten, nämlich eine Heilungsquote von 60–70% (= endgültig geheilt) angenommen wird. Sie steigert sich auf 92% für alle die, welche im Stadium I, d.h. im Anfangsstadium, in die richtige ärztliche Behandlung kommen. So wird es wichtig sein, etwas mehr zu wissen und vor allem die ersten Anzeichen zu kennen. Zwar liegt die größte Häufigkeit in der Mitte der vierziger Jahre, aber etwa 25% aller erkrankten Frauen sind noch nicht 40 Jahre alt. Laut Dr. F. Schmidt: „Das wichtigste Frühsymptom des Gebärmutterkrebses ist die regelwidrige Blutung. Jede Zwischenblutung bei einer Frau mit sonst regelmäßigem Menstruationszyklus macht eine fachärztliche Untersuchung erforderlich, auch wenn es sich nur um wenige Tropfen verlorenen

Blutes handelt. Besonders verdächtig sind Blutungen bei Frauen jenseits der Wechseljahre. Als regelwidrig gelten z. B. verstärkte, verlängerte und Zwischenblutungen und solche nach dem Geschlechtsverkehr, und seien sie auch noch so geringgradig. Auch Ausfluß, der in Farbe (z. B. fleischwasserfarben) und Geruch von den bis dahin beobachteten Absonderungen der Scheide abweicht, kann ein Krebssymptom sein." Ich sage: kann! Die Blutungen können umgekehrt auch von gutartigen Muskelgeschwülsten stammen, aber eine einwandfreie Klärung sollte immer durch einen erfahrenen Arzt erfolgen. Vorher findet eine Frau doch nicht ihre innere Ruhe wieder.

Noch ein kurzes Wort zu den bisher anerkannten Ursachen. Wir sprachen schon davon, daß Frauen beschnittener Männer ungewöhnlich selten an Gebärmutterkrebs leiden. Daraus folgern wir, daß umgekehrt mangelnde Reinlichkeit mancher Männer – viele scheinen nicht zu wissen, daß auch das männliche Glied täglich gesäubert und gewaschen werden sollte – über den Geschlechtsverkehr ein wichtiger Punkt für die Entstehung des Krebses am Gebärmuttermund ist. Hormonelle Störungen und chronische Entzündungen am Muttermund gelten weiter als begünstigend für die Entwicklung dieser Krebsform.

Hautkrebs: Zuletzt noch ein Blick auf die Hautkrebse. Langanhaltende übermäßige Besonnung und langandauernde chemische und physikalische (z. B. Röntgenstrahlen) Einwirkungen werden meistens als Ursachen geannt. Beginn meist als kleine Warze mit höckeriger Oberfläche, später erfolgt fast immer die zentrale Geschwürsbildung mit harten wallartigen Rändern. Auch hier wieder die Mahnung einer rechtzeitigen ärztlichen Behandlung, die meist auch ohne Operation, nämlich durch Bestrahlung in 90 von 100 Fällen zu einer endgültigen Heilung führt.

Für eine besonders bösartige Form des Hautkrebses, dem Melanom, auffallend zunehmend und zu Metastasen neigend, gilt dies nicht. Hier helfen außer vorgenannter biolog. Ganzheitsbehandlung noch immer am besten frühzeitige Operation und neuerdings, wie übrigens auch bei anderen Hautkrebsen, ein völlig ungiftiges, weitgehend noch unbekanntes Medikament, das Furfurol = Alpha-Furyl-Methanal plus AE Mulsin forte.

XV. Krebs verursacht durch Überalterung oder durch Zivilisationsschäden?

Die Frage des Zusammenhangs zwischen *Krebs und Zivilisationsschäden* ist in der offiziellen Krebsforschung allerdings erstaunlicherweise noch keineswegs bejaht. In der amerikanischen Krebsforschung erkennt man nach Professor Cameron sehr wohl an, daß der Krebs ganz wesentlich häufiger geworden ist (im Jahr 1900 betrug in den USA die Sterblichkeit an Krebs 64 je 100 000 Menschen, jetzt bereits 147 je 100 000); bei uns erkrankt bereits jeder 4. Erwachsene im Alter von mehr als 20 Jahren an Krebs. Aber da die Zunahme ungefähr parallel mit der Verlängerung der Lebensdauer sich entwickelte, argumentiert man hartnäckig mit nachstehender Tatsache: Krebs ist anerkanntermaßen vorzugsweise eine Erkrankung der zweiten Lebenshälfte, d. h. ab 45 und 50 Jahren. Das ist ein Alter, das der Durchschnitt der Menschen früher nicht erreichte. Also wäre eine Art Altersleiden, ein Tribut, dem wir für unser verlängertes Leben zahlen müßten. Die Zunahme der Krebshäufigkeit wird damit einfach darauf geschoben, daß entgegen früher wesentlich mehr Menschen in das krebsanfällige Alter kämen. Der Gegenbeweis ist nicht sofort zu erbringen.

Nun wird aber zusätzlich noch erklärt, der Krebs wäre keine Zivilisationskrankheit, da er eben sozusagen eine Überalterungskrankheit sei. Dagegen sprechen nun viele Gründe, und damit dürfte trotz paralleler Entwicklung der Krebszunahme und Anstieg der durchschnittlichen Lebenserwartung diese „Alterstheorie" nur zu einem geringen Grade noch aufrecht erhalten werden können. Welche Gründe sprechen für Zivilisationsbedingtheit des Krebses?

1. Die außerordentliche Zunahme der Krebse der „Rauchstraße", vgl. 40% der Krebse bei Männern in den USA allein Lungenkrebse, bei uns schon 25%, bei den Kehlkopfkrebsen Beteiligung der Raucher 99%)!
2. Die Krebse von Lippen, Zunge, Speiseröhre bis zum Magen lassen sich zumeist als gemeinsam verursacht durch Alkohol und die Zigarettenteerprodukte erweisen.
3. Für den Magen-Darm-Kanal (50% aller bösartigen Geschwülste bei Männern sollen bis vor kurzem hier lokalisiert gewesen sein) kann die Zivilisationskost weitgehend als ursächlich bezeichnet werden. Wildtiere haben im Gegensatz zum Menschen kaum jemals derartige Geschwülste.
4. Brustkrebs bei den Frauen gibt es praktisch in Japan und bei den Eskimos erst, seitdem die Frauen ihre Brust nicht mehr zum Stillen (wofür sie von der Natur bestimmt ist) ihrer Kinder benutzen. Stillen schützt danach weitgehend vor Brustkrebs. Bei uns wird bei jeder

6. Krebspatientin die Brust befallen.

5. Der Krebs des männlichen Gliedes ist eindeutig eine Folge mangelnder Hygiene. Frühzeitige Beschneidung schützt mit Sicherheit.
6. Frauen beschnittener Juden weisen nur 1/5 bis 1/10 so häufig Unterleibskrebs (bei uns 40% aller Krebse bei Frauen) auf wie die von Nichtbeschnittenen. Man möchte bei 5. und 6. von Minuszivilisation sprechen.
7. Ganz allgemein für das gesamte Krebsgeschehen gilt die Tatsache, daß Übergewichtige bzw. fette Menschen wesentlich häufiger an Krebs erkranken als Normale und Untergewichtige. Z. B. bestand bei Gebärmutterkrebs laut einer Veröffentlichung von Haldemann/Bern (referiert Ärztliche Praxis 1971) in fast 50% der 225 behandelten Frauen eine Fettsucht und in 11% eine Zuckerkrankheit. Durchschnittsgewicht 7,18 kg über dem Normwert. Die bei uns weit verbreitete Fettsucht ist also offenkundig krebsfördernd. Umgekehrt werden sogenannte Naturvölker in ihrem eigenen Lebensbereich nicht fett und bleiben damit auch von Folgekrankheiten verschont.

In all diesen Fällen sind die Zusammenhänge von Zivilisation und Krebs sehr eindeutig. Denn die Raucher und Alkoholiker mit ihren Erkrankungen der Atemwege und des oberen Verdauungstraktes von den Lippen bis zum Magen sterben nicht wegen ihres Alters, sondern wegen der Teerprodukte und des Alkohols. Beide brauchen nun 20–30 Jahre (Reizwirkung usw.) bis zur vollen Ausbildung des Krebses. Damit aber ist bereits schon meist das sogenannte „krebsanfällige Alter" erreicht. Das Alter als solches ist hiernach nicht die Ursache für Krebsbildung im Magen-Darm-Kanal. Auch hier braucht es Jahrzehnte.

Denken wir an die Reduplikationszeiten; z. B. eine krebsig entartete Zelle der Bronchienschleimhaut braucht fast 3/4 Jahr bis zu ihrer Verdoppelung durch Teilung und so jedes Mal weiter, bis schließlich die Geschwulst von 1 Quadratzentimeter erreicht und diese jetzt, aber erst jetzt, im Röntgenbild erkennbar wird. Diese 2–3 zur Entwicklung notwendigen Jahrzehnte führen so schließlich in das Krebsalter hinein. Umgekehrt z. B., wenn ein starker Raucher, der mit ca. 45 Jahren sonst wohl seinen Lungenkrebs bekäme, mit 35 Jahren an einem Autounfall stirbt, so hat er eben noch nicht ca. 20 Jahre Anlaufzeit zur Entwicklung des Tumors erreicht und zählt statistisch nicht. Rechnen wir die unter Punkt 1. bis 7. aufgeführten, mit der Zivilisation zusammenhängenden Krebsursachen zusammen, so bleibt für das Alter als solches als Krebsursache offenkundig nicht allzu viel übrig. Noch ein letzter schlagender Beweis gegen die Alterstheorie. Nach letzten Veröffentlichungen steht in Österreich der Krebs bei Kindern neuerdings an erster Stelle der Todesursachen, offenkundig durch die zunehmenden toxischen Einflüsse aus unserer Umwelt.

Bei den oben aufgeführten Ursachen müssen wir immer damit rechnen, daß es mehr oder weniger nur die Hauptursachen sind, die ins Blickfeld des Forschers kommen. Wenn auch die Teerprodukte der Zigarette eindeutig den bösartigen Lungentumor erzeugen, so können sie es trotzdem nicht allein sein; denn sonst müßten von denjenigen, die z. B. 20 Zigaretten über 20 Jahre rauchen, nicht jeder 7. (1/7), sondern alle, d. h. 7/7 erkranken. Es müssen zu dem Zigarettenschaden noch andere in unserer Zivilisation liegenden Störfaktoren hinzukommen, wobei wir die Ernährungsstörung – man sehe sich die Essensgewohnheiten der meisten stärkeren Raucher an –, als weiteren wichtigen Schadensfaktor ansetzen möchten. Dasselbe dürfte für die anderen 6 aufgeführten Krebsursachen gelten. Völlig allein können sie es jeweils nicht sein. Zu Punkt 7. (Fettsucht) könnte man noch sagen, daß er zum wesentlichen Teil mit 3. (Zivilisationskost) zusammenfällt, da es nach vielfältigen Beobachtungen die übliche Fettsucht nur unter den Bedingungen einer Zivilisationskost gibt. Tiere werden übrigens im engen Käfig auch dann nicht fett, wenn man ihnen ein Überangebot an Nahrung verschafft, diese aber ursprünglich und naturbelassen bleibt.

XVI. Krebs ist keine örtlich begrenzte Erkrankung, sondern eine Erkrankung des gesamten Organismus

Wie im vorhergehenden schon hinweisend angedeutet, steht eine Gruppe neuerer Ärzte entgegen den bisher tonangebenden reinen Spezialisten auf dem Standpunkt einer Ganzheitsauffassung. Danach handelt es sich auch beim *Krebsgeschehen* trotz der lokalisierten sozusagen ins Auge fallenden Geschwulstbildung zuallererst um eine *Allgemeinerkrankung*. Ein absolut gesunder Mensch erkrankt einfach nicht an Krebs. Aber wie selten sind in unserer Zivilisation solche wirklich ganz gesunden Menschen. Eine Störung im Gesamtorganismus geht dem rein lokalen Geschehen, der Tumorbildung, voraus, bleibt natürlich auch nach seiner Entwicklung bestehen und wird dann noch verstärkt durch Stoffwechselgifte aus der Geschwulst selber. So sehen wir *den Krebs* als ein Allgemeinleiden mit schließlicher Zusammenballung in bestimmte Zellgruppen an.

Eine jede Allgemeinerkrankung unterliegt selbstverständlich den Regeln einer allgemeinen Behandlung. Diese wieder erfordert – man möchte sagen natürlicherweise – eine *„sinnvolle Lebensordnung“*. Das bedeutet: richtiger Wechsel von

Arbeit und Ruhe, von Tätigkeit (z. B. auch muskelübender Bewegung) und Schlaf, eine gute Ein- und Ausatmung und die Aufnahme von ausreichender, aber nicht übermäßiger Nahrung mit einem hohen Anteil an lebendiger Frischkost. Das beinhaltet weiter die Fernhaltung von Zellgiften, ob sie nun aus der Zigarette, dem Alkohol und speziell von kazerogenen Stoffen und sonstwoher kommen mögen. Schließlich gehört dazu noch eine gute Ausscheidung (Entgiftung von Schlackenstoffen aus möglichst bestens im Körper verbrannten Nahrungsstoffen) über die Haut, Lungen, Nieren und insbesondere über den Darm.

Die sinnvolle Lebensordnung sollte immer die Basis abgeben. In ihr wieder ist die richtige Ernährung der wichtigste Faktor, nicht zuletzt deshalb, weil die biochemischen Untersuchungen der letzten Jahrzehnte sie am meisten durchschaubar machte, und wir sie gut, aber nur bei verständnisvollem Mitgehen der uns Anvertrauten, mehr als andere Umweltfaktoren, in die Hand bekommen können. Damit erübrigen sich die anderen ärztlichen Maßnahmen, wie Operation, evtl. Röntgen- und Radiumbestrahlungen und medikamentöse Verordnungen durchaus nicht, aber ohne diese Grundlage kommen sie oft gar nicht oder viel weniger zur Wirkung.

XVII. Krebs als Stoffwechselerkrankung bedarf nach Prof. Zabel einer angepaßten Bestkost

Das betont vor allem Professor Zabel in dem eingangs erwähnten Buch aus seiner 30-jährigen Erfahrung in einem Klinik-Sanatorium. Hier konnten alle langzeitig und laufend nach den verschiedensten Richtungen hin durchgeführten Stoffwechseluntersuchungen durch vielfache Laboratoriumskontrollen diese Grundanschauung bestätigen und als absolut gesichert beweisen.

Die bei Krebskranken vorliegenden verschiedenartigen Stoffwechselstörungen – das zeigt sich immer wieder – würden sich unter einer *optimalen Kost* bessern lassen. Nämlich durch eine Ernährungsform, die sich nach wissenschaftlichen Überlegungen und vielfachen Erfahrungen am Krankenbett als die bestmögliche herausarbeiten ließ (erweisbar an Laborkontrollen). Umgekehrt beobachtete er eindeutige Verschlechterungen seiner Kranken durch Ernährungssünden wie Genuß von Schweinefleisch, Torten, Zucker, Weißmehl, Traubenzucker und auch durch Traubenzuckerspritzen.

Professor Zabel betont dabei, daß eine solche beste Kost bei eventuellen Schmerzen diese ganz wesentlich herabsetzen kann, so daß Betäubungsmittel in ganz erheblichem Maße eingespart werden können. Der Laie wird fragen, warum arbeiten Krankenhäuser und Ärzte nicht oder selten mit einer solchen Diät? Die Antwort: in den Krankenhäusern untersteht die Küche der Verwaltung, und nur ganz wenige Ärzte haben in Diätetik ein fundiertes Wissen, ganz einfach, weil es auf diesem Gebiet praktisch bisher keine Ausbildung gibt. Die ablehnende Meinung der Krebsexperten der Schule betreffs krebsfeindlicher Diät dürfte danach zu erheblichem Maße auf Unsicherheit sowie Mangel an Wissen und an Erfahrung beruhen.

Bei unserer „Bestkost“ gehen wir von einem wissenschaftlich hervorragend unterbauten Wissen von der Stoffwechselstörung im Gesamtorganismus und im Krebsgewebe selber aus. Wir erfuhren bereits, daß ein relativer Sauerstoffmangel, eine Dysoxybiose, genauer ausgedrückt, eine mangelhafte Verwertbarkeit des Sauerstoffes, insgesamt und im Tumorgewebe vorliegt und daraus im letzteren der Umschlag zum Gärungswechsel als typisch für das gestörte Zellgeschehen eintritt.

XVIII. Die Bedeutung der hochwertigen nicht denaturierten Kohlenhydrate in Gemüse, Obst und Vollgetreide für die Heilkost

Nun könnte uns diese Erkenntnis des Gärungsstoffwechsels zu dem Kurzschluß verleiten: Gärung entstammt dem Stoffwechsel der Kohlenhydrate, also habe ich diese einfach aus der Nahrung zu streichen. Die Krebszellen könnten auf diese Weise sozusagen ausgehungert werden. Aber einmal geht unser Organismus bei totalem Entzug von Kohlenhydraten zugrunde, und zum anderen geht diese „Aushungerung“ deshalb nicht, weil unser Körper auch aus Eiweißstoffen wieder ersatzweise Kohlenhydrate bilden kann. So einfach ist es also nicht. Auf der anderen Seite gingen die ersten Impulse zu der Ernährungsbehandlung des Krebses von folgender Beobachtung eines Professors für Hals-Nasen-Ohrenkrankheiten namens Brüning aus. Er stellte nämlich fest, als er Krebskranke seines Fachbereiches, die gleichzeitig zuckerkrank waren, durch eine Diabetikerkost plus Insulin auf die Operation vorbereitete, daß eine Reihe von Geschwülsten unter dieser Behandlung von selber sich zurückentwickelte. Er erzielte also Erfolge mit einer Kost, die denaturierte Kohlenhydrate (wie Fabrikzucker und Weißmehl) verbietet und gleichzeitig die Nahrungsmenge einschränkt. An deren Stelle treten die hochwertigen, nicht denaturierten Kohlenhydrate (wie z. B. in Obst, Gemüse, Vollkornbrei, Vollkornbrot und Vollkornmehl) mit ihrem Reichtum an Vitaminen, Mineralstoffen, Fermenten und Spurenelementen. Ihre Vorzüge: Sie werden einmal wegen ihrer Schlacken und Hüllstoffe langsamer im Darm abgebaut und damit auch langsamer dem Blutwege ohne die Ausbildung krebsfördernder hoher Blutzuckerspitzen zugeführt, und zum anderen tragen sie die für ihren Abbau notwendigen Vitalstoffe (vita = Leben) bereits in sich. In der Praxis heißt die Anweisung: es wird kein Gramm Fabrikzucker (weißer und genauso brauner) gestattet; Verbot auch der kleinsten Menge von Weißmehl, poliertem Reis, Grieß und aller Stärkepuder. Nur Milchzucker wäre erwünscht, z. B. täglich 3–4 Teelöffel, aber nicht wegen seiner sowieso nur geringen Süße, sondern zur Hemmung von Keimen im Dickdarm, die Eiweiß spalten und damit Fäulnis unterhalten.

Statt der verbotenen leeren Kohlenhydrate sollen Voll-Schrote und -Mehle, also Produkte aus gutgezogenem (möglichst aus biologischem) vollem Korn verabreicht werden. Auch die sonst verabreichten kohlehydrathaltigen Lebensmittel müssen naturbelassen sein. Damit wird dann gleichfalls die meist schon vorgeschädigte Leber und Bauchspeicheldrüse (vgl. gestört in ihrer Insulinbildung) entlastet und die morgendlichen Blutzuckerwerte können wieder engere, optimale Grenzen erreichen. Die Zufuhr von „lebendigen“ naturbelassenen Kohlenhydraten mit ihren reichlichen Fermenten, auch Atemfermenten, trägt dazu bei, die Dysoxybiose, nämlich die Sauerstoffnot des Gesamtorganismus und der Krebszellen zu überwinden und die Gärungsfreudigkeit zu dämpfen. Es stellte sich nun aber weiter heraus, daß beim Krebsgeschehen nicht nur Störungen im Stoffwechsel der Kohlenhydrate, sondern auch in dem der Eiweißkörper und Fette vorliegen. Man weiß, daß z. B. Eiweiß und Fermenthaushalt in einem ganz besonders engen Zusammenhang stehen. Dieser Fermenthaushalt steht im Mittelpunkt aller Abwehrfunktionen gegen die Krebszelle; also müssen wir für eine geordnete ausreichende Zufuhr von Fermenten durch eine lebendige Nahrung auch auf der Ebene der Eiweiße und der Fette sorgen.

XIX. Als Eiweißnahrung bevorzuge man Sauermilchprodukte und Quark

Für die Eiweißnahrung gilt zunächst die absolute Forderung, jede Fäulnis vermeiden. Wir wissen, daß der Krebskranke nicht an seinem Tumor selber stirbt, sondern an den Fäulniszerfallsprodukten der Geschwulst, die die vorgeschädigte Leber nicht mehr ausreichend entgiften kann und die im Endstadium den Körper vergiftend überschwemmen. Wir müssen dementsprechend jede weitere Belastung durch eine Nahrung aus Muskel- und Organeiweiß, zunächst mindestens für ¼ Jahr, in schweren Fällen bis zu einem Jahr und länger, ausschalten, da diese bei der immer beim Krebskranken vorliegenden krankhaften Keimbesiedlung im Dickdarm dort eine vermehrte Fäulnis verursachen würde. Diese Fäulnisbildner sind in erster Linie durch gesäuertes Milcheiweiß und in zweiter Linie durch Hefe und Sojaeiweiß zu ersetzen. Fleisch verbietet sich schon dadurch weitgehend, weil die für die Fleischverdauung nötige Salzsäuremenge im Magen beim Krebskranken immer herabgesetzt ist. Wollte man das Fleischeiweiß durch Süßmilch ersetzen, so stehen dem im allgemeinen 3 Tatsachen entgegen:

1. beim erwachsenen Menschen reicht die zur Verdauung nötige Labfermentmenge häufig nicht aus,
2. der Appetit wird häufig gestört und
3. die Flüssigkeitsmengen würden leicht allzu groß.

Deshalb werden Sauermilch, Bioghurt, Sanoghurt, Biogarde und der durch Ausfällung aus der Sauermilch gewonnene Quark empfohlen (vergleiche Rezeptfolge). Seine besonderen Vorteile, die sich weitgehend mit den Sauermilchen decken, aber ihre Flüssigkeitsmenge vermeiden und darüber schon eine wesentliche Vorverdauung aufweisen, seien nach Zabel „Die interne Krebstherapie und die Ernährung des Krebskranken“ noch einmal aufgeführt:

„1. Der Quark beeinflußt das Säure-pH im Magen günstig, was in allen Fällen, bei denen die Salzsäureproduktion wie bei Geschwulsterkrankungen herabgesetzt ist, ein Plus darstellt.
2. Das Eiweiß des Quarkes ist vorverdautes Eiweiß.
3. Die im Quark enthaltene große Menge der Milchsäure unterdrückt die Eiweißfäulnis im Darm und entlastet damit die Entgiftungsaktion der Leber.
4. Das Milcheiweiß ist hochwertiges Eiweiß von der gleichen Qualität wie die besten Eiweißarten.
5. Von allen in der diätetischen Praxis bekannten Eiweißarten ist das gesäuerte Milcheiweiß das Eiweiß, das am wenigstens durch

den Erhitzungsprozeß geschädigt dem Kranken zugeführt wird.

6. Es besteht die Möglichkeit, den Quark als Magermilchquark, also ohne tierische Fette und somit cholesterinfrei zu geben."

Ein besonderer Vorteil des Quarkes ist weiter, daß man ihn in vielfacher Abwandlung in Verbindung mit Früchten geschmacklich so wohltuend variieren kann, daß auch dem starken Fleischesser der Entzug seiner Lieblingsnahrung nicht zu schwer werden dürfte. Später, wenn bereits eine mehr ausgeglichene Stoffwechsellage erreicht ist, können evtl. pro Woche wieder eine, zwei – ja vielleicht 3 kleinere Fleischmahlzeiten erlaubt werden. Wir brauchen wohl ausreichend vollwertiges Eiweiß, z. B. 0,5 bis 0,8 g pro kg Körpergewicht, da vom zugeführten Eiweiß, wie bereits erwähnt, fast 60% für die Fermentbildung verbraucht werden, aber eben in den genannten leicht verdaulichen, leberfreundlichen und die Fäulnis unterdrückenden Nahrungsmitteln.

XX. Gebot kaltgepreßter Pflanzen-Öle als Zündstoff-Fette statt tierischer Mastfette

Bisherige Beobachtungen zeigten, daß cholesterinhaltige Nahrungsmittel und Depotfette von Schlachttieren, die durch Mästung künstlich stoffwechselkrank gemacht wurden, schlecht von krebskranken vertragen werden, wohl aber hier und da ein Eigelb möglich wäre, da hier das wichtige Cholin in einem besonders günstigen Verhältnis zu anderen Stoffen enthalten ist. Wir brauchen zwar die Fette, aber nur solche, die man wegen ihres hohen Gehaltes an mehrfach ungesättigten Fettsäuren als **Zündstoff-Fette** ansprechen kann. Nur sie aktivieren die so dringend nötige innere Atmung. Brauchbar sind nur kaltgepreßte Pflanzenöle mit einem hohen Gehalt an mehrfach ungesättigten Fettsäuren. Zusätzlich muß ihre richtige Verwendung beachtet werden; sehr brauchbar in Quark-Ölgetränken (Zabel, Seeger), als Zugabe zu Salaten oder Rohkost (mindest 1 Eßlöffel) und zu Gemüsesäften. Bei gekochter Kost dürfen sie erst bei bereits eintretender Abkühlung zugegeben werden. Sie sollen stoffwechselaktiv bleiben, um ihre Aufgabe der Belebung des Organismus zu erfüllen. Deshalb dürfen sie auf keinen Fall stark erhitzt werden (Verbot: Kochen, Braten, Grillen).

Geschieht das, dann verlieren die genannten Öle nicht nur ihre belebenden Eigenschaften, sondern lassen darüber hinaus kanzerogene Stoffe aus sich entstehen. Bei Professor Zabel finden wir eine knappe, aber umfassende Darstellung für die Praxis der Verwendung der Fette. Wir möchten diese als Richtlinien dem Krebskranken empfehlen:

„1. Ein viertel bis ein halbes Jahr, in schweren Fällen sogar ein Jahr, Verbot von mehr als 10 g Streichfett. Das ‚unabdingbare' Bedürfnis nach Aufstrich kann durch Quark und Sojapaste gut befriedigt werden.
2. Später bis zu 20 g Streichfett. Seitdem die Eden-Spezialmargarine im Handel erreichbar ist, würde ich diese nach den Erfahrungen an unseren Patienten als das beste Streichfett bezeichnen.
3. Da die Gesamtmenge des Fettes beim Krebskranken 40–60 g betragen soll, und wir etwa 15–20 g verborgenes Fett rechnen müssen, so sind täglich 30–40 g hochaktive Fette zuzuführen.
4. Als hochaktives Zündstoff-Fett empfiehlt sich das Sonnenblumenöl und Distelöl, das auch geschmackliche Vorteile hat. Es darf nicht chemisch extrahiert, sondern muß kaltgepreßt und unraffiniert sein.
5. Öl ist niemals hoch zu erhitzen und erst nach abgeschlossenem Kochprozeß den Speisen zuzugeben.
6. Budwig und Seeger haben mit Recht darauf hingewiesen, daß es Vorteile hat, Öl gleich in Verbindung mit Quark in Form von Quark-Öl-Gemischen zu geben. Ich habe diesen Weg schon seit vielen Jahren in meiner Klinik eingeschlagen.
7. Auch bei Appetitlosigkeit sollte die Gesamtfettmenge der Zündstoff-Fette nicht unter 30 g sinken. Führt bei Appetitlosigkeit die Zufuhr der Fettsubstanz zu Schwierigkeiten, so ist zunächst das Streichfett auszuschalten."

XXI. Die Bedeutung der Milchsäure

In unserem Rezeptteil finden Sie einen größeren Abschnitt überschrieben mit „Frischkostgerichte, Milchsaure Gerichte“. Wir finden hier verschiedenerlei Frisch- und Rohkost, jeweils mit mancherlei Arten von milchsauren Gemüsen, kombiniert.

Welche bedeutungsvolle Rolle soll nun die so besonders hervorgehobene Milchsäure haben?
Dazu wäre zu sagen, daß wir in unserem Organismus zwei verschiedene Arten von Milchsäure haben. Diese haben zwar chemisch dieselbe Formel, doch unterscheiden sie sich darin, daß die eine einen hindurchgeworfenen polarisierten Lichtstrahl nach rechts, die andere nach links abbiegt. Dementsprechend spricht man von einer rechts- und einer linksdrehenden Form. Die linksdrehende Milchsäure gilt als toxisch, scheint aber in unserem Organismus keine große Rolle zu spielen. Die rechtsdrehende, die sogenannte Fleischmilchsäure, entsteht bei Muskelarbeit (bei Überanstrengung entsteht durch Übermenge dieser Säure Gefühl des Muskelkaters). Sie ist zwar sozusagen nur ein Zwischenprodukt unseres Stoffwechsels, wirkt aber günstig als Aktivator der Zellatmung. Deshalb ist die Zufuhr von Nahrungsmitteln, die reichlich von dieser Milchsäure enthalten, in der Krebsbehandlung sehr geschätzt (Dr. Kuhl). Ihre Aufnahme erfolgt bereits in den obersten Dünndarmanteilen, sofort nach dem Verlassen des Magens. Wichtiger noch dürften die in guten Sauermilchen enthaltenen speziellen Keime sein, die Milchsäure zu bilden vermögen. Solche wie bifidus, L. acidophilus und Milchsäurestreptokokken erreichen ungeschädigt auch die unteren Dünndarmabschnitte. Dort entfalten sie eine zweifach positive Wirkung. Einmal vermögen sie die beim Krebskranken immer vorhandenen schädlichen Darmkeime zu hemmen und zu verdrängen, zum anderen produzieren sie körpereigene und damit stoffwechselmäßig günstige Milchsäuren, die außer der Stoffwechselbelebung wiederum den Fäulnisgiften im Darm entgegenwirken. Aus diesen vielfachen Gründen empfehlen alle Krebsärzte, die ein Wissen um Ernährungsfragen haben, immer wieder gute Sauermilchen wie Bioghurt, Sanoghurt usw. Zu warnen wäre vor dem beliebten Joghurt, weil er die Entwicklung einer gesunden, man möchte sogar sagen gesundenden Darmbakterienwelt hemmt. Diese wäre in diesem Zusammenhang noch besonders zu beachten; denn es gibt praktisch keinen Krebskranken, bei dem sie nicht massiv gestört wäre. Effekt einer solchen Schädigung: es entstehen durch die abnorme Zusammensetzung der Darmkeime Fäulnis- und andere giftige Stoffe, welche wieder zu einer Belastung der vorgeschädigten Leber führen. Die Einregulie-

rung dieses gestörten Darmlebens ist der hoch einzuschätzende zweite positive Effekt nicht nur der bereits genannten Sauermilcharten, sondern auch von milchsauren Gemüsen (Eden) und milchsauren Säften (Eden).

XXII. Die Heilwirkung der roten Bete und anderer Rotfarbstoffträger

Als besonders bewährt sei in diesem Zusammenhang die rote Bete genannt. Wo milchsaure rote Bete (in der Schweiz Rande genannt), rote Bete als Rohkost und rote Bete-Saft nicht vertragen oder abgelehnt wird, sollte man das rote Bete-Pulver in Quarkspeisen und Milchmixgetränken usw. verarbeiten. Die Wichtigkeit einer anhaltenden und ausreichenden Zufuhr von Säften aus der roten Bete, aus Heidelbeeren, schwarzen Johannisbeeren, Kirschen und roten Weintrauben (alle selbstverständlich ungezuckert) sei für den Krebskranken besonders betont. In Tierversuchen konnte die hemmende Wirkung auf Krebsgeschwülste eindeutig erwiesen werden. Die Heilwirkung geht hier außer dem Reichtum an wichtigen Vitaminen, Mineralstoffen und Spurenelementen hauptsächlich von den roten Farbstoffen, den Betazyanen aus. Zuallererst die genannten Farbstoffe erhöhen nach Dr. Seeger die Zellatmung (bis zu 400%) durch die in ihnen enthaltenen aktiven Sauerstoff-Gruppen. Die beim Krebsgeschehen gestörte Sauerstoffverwertung wird so wieder aktiviert und Giftstoffe werden durch Veratmung (Oxydation) beseitigt. Die nach Professor Warburg notwendige Verbesserung der Zellatmung kann damit bestens und auf einfache und natürliche Art erreicht werden. Diese Säfte müssen aber in ausreichender Menge und über lange Zeit genommen werden. So soll der Frischsaft von 1 kg frisch ausgepreßter roter Bete = ca. 3 Glas Saft verteilt über den Tag vor den Mahlzeiten getrunken werden. Zur besseren Verträglichkeit und einer erwünschten Abwechslung halber läßt sich der Saft mit „Haferwunder" (Reformhaus) oder mit Quark oder Sanoghurt mischen. Der Saft allein wird sonst meist nach kurzer Zeit abgelehnt. Deshalb wird von erfahrenen Ärzten geraten, nach Möglichkeit Rote-Bete-Most (Eden) oder milchsaurer Rote Bete-Saft bzw. Breuss Gemüsesaft mit 60% Rote Bete oder falls auch dieser nach kurzer Zeit abgelehnt werden sollte Rote Bete Pulver, dann täglich 3 × 1 Eßlöffel = ca. 40–50 g zu nehmen. Als besonders sinnvoll und damit günstig gilt die Kombination dieser genannten Farbstoffträger mit Sanoghurt wegen dessen ungewöhnlich hohem Gehalt an Rechtsmilchsäure. Trotz seines roten Farbstoffes soll hier nicht der Rotwein empfohlen werden. Alle Alkoholika und noch mehr alle Tabake gehören nun einmal absolut in die Verbotsliste der Krebskranken.

Ein wirklicher Erfolg – das sei noch einmal gesagt – läßt sich nur mit einer langdauernden konsequenten Aufnahme von Rote-Bete-Saft oder -Pulver oder den genannten anderen Farbstoffträgern erreichen. „Deine Nahrungsmittel sollen Deine Heilmittel sein." Dem Zögernden sei gesagt: das langanhaltende Einnehmen dieser wie echte Arzneimittel wirkenden Naturstoffe lohnt sich wirklich: bei einer Gruppe von 85 Krebskranken und 25 Leukämiekranken wurden befriedigende Ergebnisse mit Zunahme des Gewichts und Besserung des Blutbildes (vorher durch starke Krebsmittel wie Cytostatika geschädigt) erzielt.

XXIII. Eine neue Erkenntnis: Die ungewöhnliche *Heilwirkung der Milch von Milchschafen*

Dem bekannten Naturarzt v. Mengershausen fiel auf, daß eine Reihe seiner Schwer-Krebskranken immer noch lebten. Bei Nachforschungen stellte er fest, daß sie regelmäßig von einem Bauer die Milch von Milchschafen erhielten. Diese Milch wirkt offenkundig nicht nur heilend, sondern auch krebsverhütend. In dem durch Industrie belasteten Nordrhein-Westfalen kam es bei Besitzern von Milchschafen, die natürlich diese Milch trinken, zu keiner einzigen Erkrankung an Krebs.

Die eigentliche Ursache dieser so wichtigen Wirkung kann der ungewöhnlich hohe Gehalt von Orotsäure – 5- bis 6mal mehr als in Kuhmilch enthalten – sein. Die Orotsäure, ein Qualitätsmarker für diese Schafsmilch, *hemmt nachweislich Krebs* bei Entstehung, auch Tbc-Bazillen, und hat noch eine Reihe anderer positiver Wirkungen, wie Erweiterung der Herzkranzgefäße, gegen *Leberschäden,* da die Leber fast immer bei Krebs belastet ist. (Die Milch dabei auf die Hälfte verdünnen.) Somit ist Schafsmilch eine *Heilnahrung.* Die Schwierigkeiten der Beschaffung ließen sich am einfachsten wohl über die Landesorganisationen der Milchschafzüchter überwinden.

XXIV. Spurenelemente

Wie heute weitgehend bekannt, ist unsere übliche Nahrung eine Mangelkost in vielfacher Hinsicht. Das gilt besonders für *Magnesium** und verschiedene Spurenelemente. Unsere Böden sind vielfach an diesen Stoffen verarmt, so daß ein Mangel in den darauf wachsenden Pflanzen verständlich ist. Magnesium stärkt die Abwehr-Heilungsvorgänge auch bei der Krebserkrankung. Da Nüsse, alle Vollkornerzeugnisse und Gemüse besonders reich an Magnesium sind, sollten diese Lebensmittel bevorzugt verwendet werden. Bei erwiesenem Mangel kann nötigenfalls der Arzt auch Magnesium-Mittel wie Magnesium Verla oder Magnesium Diasporal-Tabletten verordnen. Der Bedarf an den übrigen bei einer Karzinombehandlung wichtigen *Spurenelementen* läßt sich einfach durch flüssige Meersalzpräparate decken, zusätzlich evtl. durch Molybdän-Tabletten Heel.

XXV. Die Wichtigkeit ausreichender Verdauungssäfte

Die beste Ernährung nützt aber bei den Kranken nichts, wenn sie die Nahrung nicht aufschließen und verwerten können. So wird auch von Ärzten, die erfolgreich mit der roten Bete und ähnlichen Farbstoffträgern arbeiten, eindeutig betont, daß die Wirkstoffe nur bei ausreichenden Verdauungssäften (Fermenten) in den Körper aufgenommen werden. Professor Zabel betont, daß bei Fehlen von ausreichend Magensaft ersatzweise Salzsäure usw. zugeführt werden muß. Ein ähnlicher Mangel an Verdauungsstoffen ist auch in anderen Abschnitten des Verdauungsapparates bei vielen alten Menschen und bei Krebskranken häufig, so daß hier unbedingt ein Ersatz, nämlich durch Zufuhr entsprechender Fermente nach ärztlicher Verordnung wie Heloacid comp., Esberizym, Unexym, Pepsaldra comp. usw. erforderlich wird. Sonst kommt es zu Durchfällen, Leibschmerzen, Blähsucht, Appetitlosigkeit usw., einfach deshalb, weil die ungenügend aufgeschlossene Nahrung sich im Magen-Darm-Kanal zersetzt und zu störenden Fäulnis- und Gärungsprozessen führt. Hier hat also der Arzt für die nötigen Ergänzungsstoffe zu sorgen.

XXVI. Die Notwendigkeit kleiner häufiger Mahlzeiten nach Dr. Salzborn

Wegen der Wichtigkeit noch ein Wort über Nahrungsmenge und Verteilung der Mahlzeiten. Der Laie ist meist der Meinung, ein Krebskranker wäre von einer zehrenden Krankheit befallen und müßte deshalb kräftig ernährt, möglichst sogar gemästet werden. Das stimmt durchaus nicht. Die meisten Krebskranken sterben nicht an einer „Auszehrung", sondern durch die Fäulnisgifte der zerfallenden Geschwulst. Mit Ausnahme der Kranken, die ihren Krebs im Magen-Darm-Kanal sitzen hatten, sah ich mehr fette und übergewichtige Krebskranke als magere. Eine Überernährung ist also durchaus verfehlt. Sie ist auch schon deshalb nicht angebracht, da, wie schon gesagt, der Krebskranke sehr häufig einen Mangel an Verdauungssäften aufweist, der wiederum schließlich zur schädigenden Aufnahme von Fäulnisprodukten führt. Dieser Gedankengang brachte Dr. Salzborn zu einer Ernährungsbehandlung, die so erfolgreich war, daß ihm, dem Landarzt, eine Wiener Klinik in den dreißiger Jahren sogar eine Ambulanz für Krebskranke einrichtete. Er sagte sich ganz einfach: die vorhandenen Verdauungssäfte reichen für größere Mahlzeiten nicht aus, also muß ich die

Größe der Mahlzeiten dem Produktionsvermögen der Drüsen des Magen-Darm-Kanals anpassen. So kam er auf sehr häufige und sehr kleine Mahlzeiten, z. B. in vorgeschrittenen Fällen nicht mehr als jeweils ein Eßlöffel Nahrung. Statt drei großer 20–30 kleinste Mahlzeiten. Damit hatte Dr. Salzborn auch bei völlig aufgegebenen Fällen noch Erfolge. Für diese Methode spricht, daß es zu Rückfällen kam, wenn die Zahl der Mahlzeiten verfrüht vermindert wurde, aber auch dann noch wieder Besserung eintrat, wenn wieder häufigere und kleinere Mahlzeiten eingenommen wurden. Für Schwerkranke im vorgerückten Stadium eignen sich für diese empfehlenswerte Vielmahlzeitenkost vor allem Obstsäfte, selbstverständlich nur ungezuckert, Rohkost-Getränke sowie Diätknäkkebrot. Wenn überhaupt noch möglich, soll ein Erfolg nach einem Monat eingetreten sein. Etwas weniger streng wäre eine Regime mit 15 bis 20 Kleinstmahlzeiten am Tage, d. h. jede halbe Stunde, wobei auch warmes Essen angeboten werden kann. Für Bettlägerige wird hier nur eine Wärmeplatte gebraucht. Empfohlen kann eine solche extreme Mahlzeitenverteilung nur für wirklich Schwerkranke werden und dann auch nur für die Zeit von 1–2 Monaten, aber an dem *Prinzip von häufigen kleinen Mahlzeiten* sollte für alle Krebskranken festgehalten werden. Das würde also bedeuten: 5–6 Mahlzeiten, also jede 2–2½ Stunden, und u. z. möglichst auch noch in der Zeit nach Wiederaufnahme der Arbeit. Eine beste Anpassung an eine mangelhafte Verdauungsleistung kann natürlich außerdem auf die allereinfachste Weise auch durch möglichst gutes Kauen, Stichwort Fletschern, erreicht werden. Der Kranke möge sich das entsprechend dem Stichwort: „Gut gekaut ist halbverdaut“ immer wieder einprägen.

XXVII. Die Getränkefrage

Zur Frage der Flüssigkeitszufuhr sei gesagt, daß große Mengen Getränke nicht erforderlich sind. Die reichliche Rohkost ist flüssigkeitsreich und die Salzarmut läßt keinen großen Durst aufkommen. Bioghurt und andere Sauermilchen sowie Rohkost-Säfte und Rote-Bete-Most decken bereits weitgehend den Flüssigkeitsbedarf. Noch einmal gesagt: alle alkoholischen Getränke gehören nicht in den Speiseplan des Krebskranken, auch nicht der Rotwein, trotz des geschätzten roten Farbstoffes. Auf der Verbotsliste stehen auch alle Sorten Bohnenkaffee wegen ihrer Röstprodukte und schwarzer Tee.

Irgendetwas Warmes, außer später genannten klaren Mineralwässern, möchten aber die meisten Kranken zumindest einmal am Tage trinken. Da gibt es genug Gesundheitstees (ich meine jetzt nicht die üblichen Abführtees, möchte vor ihnen besonders bei Dauergebrauch wegen ihres Gehaltes an Sennes und Aloe eher warnen) z. B. aus Melisse, Kamille, Birkenblättern, Pfefferminze, Zinnkraut, Fenchel, Matetee usw. als Einzeltee oder gemischt, die empfohlen werden können und im Wechsel verabreicht werden sollten. Diese Kräuter- und Früchtetees regen dabei meist Magen, Leber, Galle und die Nieren schonend und entgiftend an. Für Bettlägerige könnte besonders der Antiblähungstee nach Dr. Bircher-Benner empfohlen werden. ⅓ Kümmel, ⅓ Fenchel und ⅓ Anis mischen: 1 gehäufter Teelöffel auf 1 Tasse, 10 Min. Kochzeit, 5 Min. ziehen lassen. 1 Tasse nach dem Essen. Abwechslung könnte weiter der ungesüßte Tee von Hagebuttenschalen bringen. Wenn man dabei an dem Vitamin-C-Gehalt interessiert ist, sollte man auf frische Ware Wert legen und diese auch nur bis ca. Februar verwenden (später kaum noch Vitamin C).

Dagegen bieten sich als leicht beschaffbar eine Reihe von Mineralwässern mit einem beachtlichen Gehalt an Magnesium und anderen erwünschten Spurenelementen an. Es seien unter anderem empfehlenswert genannt: Walser Brunnen, Evian Heilwasser, Bad Dürrheimer Johannesquelle, Bad Brückenauer Mineralbrunnen, Enzinger Burgbrunnen und Passugger Theophil (Schweiz). Die Genannten gelten als salzarm und nitratarm. Dagegen heißt es von der Wildunger Helenenquelle, der Georg-Viktor-Quelle und der Fr.-Christian-Heilquelle, sie seien zwar magnesium- und calciumreich, aber würden wegen des hohen Kochsalzgehaltes nur mit Vorsicht empfohlen werden können. Dasselbe gilt für die Dunarisquelle, die außer oben genannten Mineralstoffen auch einen bedeutsamen Anteil des krebswidrigen Germaniums hat. Trotz Empfehlung durch verschiedene Krebsärzte gilt wegen der abführenden Wirkung eine wichtige Einschränkung: nicht bei Anuspräter Patienten und solchen mit Durchfallneigung.

XXVIII. Eine fortschrittliche Entwicklung der offiziellen Krebstherapie mit einigen positiven Gesichtspunkten

Bald 30 Jahre sind für mich in der Behandlung Krebskranker seit dem Erscheinen dieses Buches vergangen. Seitdem hat sich auch in der offiziellen Medizin, der Universitätsmedizin, einiges geändert. Eine positive Entwicklung, die vor allem eine hochentwickelte Diagnostik – z.B. mit Sonographie, Computertomographie – betrifft. In der Therapie finden wir dagegen nur einzelne positive Ansätze: zur Überbrückung negativer Phasen in der Krebsbehandlung bei Absinken der Leukozyten, der weißen Blutkörperchen, im bedrohlichen Maße Injektionen mit Neupogen – z.B. bei Schädigung eben der Leukozyten durch Zytostatika. Die Strahlentherapie hat sich offenkundig günstig zur Abmilderung ihrer Dosierung entwickelt. Bei einem Patienten mittleren Alters hing unbeeinflußbar durch verschiedene biologische Therapien am rechten Kieferwinkel ein sehr dicker langer Drüsenzapfen herab. Durch eine neuartige Röntgentherapie gelang ein völliges Schwinden des Tumors ohne Schädigung des Patienten, der seitdem wohlauf ist. Der behandelnde Röntgenologe sagte: „Vor einigen Jahren wäre uns das noch nicht möglich gewesen." Voraus ging allerdings eine längere biologische Therapie.

Einige günstige Erfahrungen können uns nicht darüber hinwegtäuschen, daß mit den Mitteln der offiziellen Medizin für die Gesamtzahl der Leidenden keine ausreichenden Erfolge beim Krebsgeschehen erreicht werden konnten: 210 000 Krebstote in einem Jahr bezeugen das zur Genüge.

Geistheilerfragen
Viele geängstigte Krebskranke laufen in ihrer Not zum Geistheiler. Nachdem ich selber einmal Zeuge einer geistigen Heilung eines aufgegebenen, zum Sterben nach Hause geschickten Kranken wurde, und außerdem von geistigen Heilungen von Kathlyn Kuhlmann (dokumentiert in ihren Büchern „Er half mir" und „Ich glaube an Wunder") weiß, zweifle ich keineswegs an der Möglichkeit einer Heilung durch den Geist GOTTES. Aber dieser findet nur selten geeignete Mittler, die diese höchste Kraft GOTTES uneigennützig auf Leidende zu übertragen vermögen.

So möchte ich zunächst vor vielen unseriösen Geistheilern warnen. Zumindest sollten durch Hinzuziehung eines Geistheilers nicht wichtige biologische Heilmaßnahmen unterlassen werden.

XXIX. Der Heilplan für den Krebskranken in der Praxis des biologischen Arztes

Wenn jemand nun alle Möglichkeiten biologischer Heilmethoden bei Krebs nach dem Vorhergehenden kennengelernt hat, vielleicht von der Vielzahl etwas verwirrt wurde, fragt er sich verständlicherweise, welchen Behandlungsweg er nun konkret mit seinem Arzt am besten gehen soll. Das sei im einzelnen gesagt. Dazu gehört, daß dem Kranken schon bei der ersten Besprechung mit dem Arzt klar gemacht werden muß, daß bei seiner lebensbedrohlichen Erkrankung nur eine radikale Umstellung: Aufgabe aller ihm bisher lieb gewordenen krankmachenden Lebensgewohnheiten – helfen und retten kann. Also harte Verzichte auf die Zigarette, den Alkohol, Bohnenkaffee, schwarzen Tee, Zucker, Kuchen, Weißmehl und Fleisch – vor allem Schweinefleisch – und Wurst. Dazu käme dann die *Entgiftungsbehandlung,* d. h. die Beseitigung von Giftherden wie toten Zähnen, schlechten Mandeln usw., die Sanierung des Großherdes Darm mit seiner üblen Bakterienflora, Fäulnisgiften, z. B. durch eine mikrobiologische Therapie und nicht zuletzt die Sanierung der heute zunehmend an Bedeutung gewinnenden Pilzinfektionen mit ihren für das Krebsgeschehen auch ursächlich wirkenden Toxinen.

Weiter wird als unabdingbar erforderlich für einen Dauererfolg – oft zunächst wenig verstanden – die Sanierung des Schlafplatzes durch einen seriösen Rutengänger, evtl. auch des Arbeitsplatzes, von energetischen Störungen. Und nicht zuletzt die Harmonisierung des Seelenlebens in Familie und nahem Lebenskreis.

Nach diesen grundlegenden Betrachtungen, von denen oft mehr abhängen kann als beste Medikamente, muß auch entscheidend als wichtigste Basis zur Gesundung auf die Umstellung der Ernährung betont hingewiesen werden: Von der krankmachenden bürgerlichen Ernährung zu einer lebendigen Kost – giftfrei, möglichst aus bilogischem Landbau, frei von Zucker usw., wie oben schon angeführt. Die Kostumstellung würde am besten mit einer erfahrenen Ernährungsberaterin besprochen und eingeübt. Die Rezepte im 2. Teil weisen bereits in die Praxis dieser Ernährungsumstellung, aber die persönliche Besprechung ist nach unseren Erfahrungen doch sehr nötig.

Die medikamentöse biologische Therapie

Diese kann erst dann zu einer ausreichenden Wirkung kommen, wenn die vorher genannten Umstellungen durchgeführt sind. Zur laufenden Verordnung kommen von mir statt Cytostatika, unschädliche und doch wirksame Medikamente zur Ferment-Therapie. Wie Wobe Mugos und Bromelain, denen eine krebszellauflösende Wirkung zugeschrieben wird, so wie Tromcardin forte, günstig bei unserem Leiden wegen seines Gehaltes an Kalium und Magnesium (Kalium wird unter Vitamin C zusätzlich besser in Zellen eingeschleust). Weiter zusätzlich trotz reichlicher Rohkost höhere Gaben von Vitaminen: Diese wirken auch bei Frischkost günstig als zusätzliche Medikamente, so Vitamin C als Pulver und Vitamin B-Komplex als Metz Panaktiv. Bekannt ist der ungewöhnlich hohe Bedarf des krebskranken Organismus an Vitamin C. Die laufenden Einnahmen von roter Bete regt die Sauerstoffverwertung, die bei Krebs entscheidend geschädigt ist, in heilsamer Weise gut an, deshalb täglich. In ähnlicher weise können Ozon-Injektionen günstig eingesetzt werden.

Zum *laufenden Programm* der Entgiftungsbehandlung des Darms gehört die mikrobiologische Therapie mit Einnahme von Gesundbakterien: Symbiofloren und die Steigerung der Ausscheidung von Darmtoxinen durch Injektionen mit Autovaccinen oder auch das altbewährte Mutaflor, evtl. statt Injektionen auch perkutan. In derselben Richtung hat sich Multiplasan H 33 bewährt.

Die Behandlung mit Mistelpräparaten wie Iscador und Helixor mit dem Wunsch einer leichten Temperaturerhöhung gehört zum Therapieplan. So soll die Stärke der Injektionen jeweils gesteigert werden unter Berücksichtigung der Verträglichkeit. Womöglich wäre diese Misteltherapie mit Überwärmungsbädern zu kombinieren aus der Erkenntnis heraus, daß Krebszellen bei Körpertemperaturen über 39,5 Grad absterben. Das erhebliche Nachschwitzen stellt auch einen günstigen Entgiftungsfaktor über die Haut dar. Nicht falsch zu verstehen: Die Misteltherapie ist auch ohne die Überwärmungsbehandlung durchaus wirksam.

In gleiche Richtung gehört die laufende Unterstützung des geschädigten Organismus durch die allseits anerkannte Injektionsbehandlung mit Faktor AF2 (Leber und Milz).

Zentral wichtig ist für mich die Behandlung mit Thymusinjektionen, möglichst Frischinjektionen. Sie ist entscheidend für die Anhebung der Immunität, d.h. der Abwehr der schädlichen Krebszellen. Da diese Thymusextrakte von mir besonders wichtig in der Behandlung angesehen werden, lasse ich sie mir von einem Tierarzt jeweils frisch zusenden. Die vitalitätssteigernde Wirkung ist auch bei manchen Alterserkrankungen geschätzt. Bei der Krebsbehandlung kann auf Thymus auf keinen Fall verzichtet werden.

Bei vorgeschrittenen Krebszellen wird die perkutane Behandlung mit den Spenglersanen Om und K gerühmt, vor allem auch in Bezug auf die Schmerzlinderung.

Für Schwerstkranke kann die Behandlung mit häufigsten kleinen Mahlzeiten nach Dr. Salzborn empfohlen werden.

Mit vorgenannten kombinierten biologischen Heilmethoden, wozu ich auch die notwendige Operation rechne, läßt sich bei ausreichender Mitarbeit der Patienten und seiner Familie im allgemeinen ein guter Erfolg erzielen, es sei denn, der Kranke kommt im Endstadium.

Doch Einzelfälle scheinen auch auf solche optimale Behandlung nicht anzusprechen. Z. B. kommt ein ca. 50-jähriger kräftiger Patient mit einem gut faustgroßen Tumor im linken Oberbauch zu mir. Unter meiner Therapie, trotz massiver Überwärmungsbäder und vielen Thymusinjektionen, deutliche Verschlechterung. Bei nachfolgender Chemotherapie eindeutig Tumorverkleinerung. Nach mehrfachem Wechsel Tumorzerstörung durch Chemotherapie mit deutlich negativen Folgen für den Gesamtorganismus, nachfolgend Wiederaufbau mit biologischen Mitteln wie Thymus, hohen Vitamindosen und Überwärmungsbädern sowie allgemeinen Entgiftungsmethoden. Danach ist der Tumor praktisch verschwunden und auch bei subtilen Untersuchungsmethoden nur noch als Narbenrest erkennbar. Der einst aussichtslose Kranke wirkt völlig gesund (auch Tumormarker) und ist bestens leistungsfähig. Ich möchte diese Art der erfolgreichen Behandlung eine *Schaukeltherapie* nennen, wobei die biologische Basistherapie unverzichtbar bleibt.

Dem erfahrenen, im gewissen Sinne auch undogmatischen Krebsarzt, stehen also nach Vorhergehendem viele erfolgversprechende und bewährte Wege offen. Als zunehmend gut erscheinen mir nach jahrzehntelanger ärztlicher Erfahrung die Erfolge bei den so sehr gefürchteten Krebserkrankungen. So können wir allen vertrauensvoll und konsequent mitarbeitenden Kranken heute mit Recht sagen: *„Wir heißen euch hoffen!“*

Abschließend erneuter Hinweis auf die *dringend notwendige Ernährungsumstellung.*

Nach diesem positiv Krebskranke aktivierendem Generalplan wollen wir konkret mit dem wichtigsten, von uns beherrschbaren Faktor der Ernährung beginnen. Wir erstreben, vorher bereits angedeutet, für unseren Heilerfolg unbedingt die Umstellung von der bürgerlichen Küche, die mit für das eingetretene oder drohende Krebsleiden verantwortlich zu machen ist. Aber wir wollen nicht eine kümmerliche Diät, sondern eine schmackhafte, erfreuliche Kost, die nicht nur dazu beitragen soll, die Gesundheit wiederherzustellen, sondern die auch mit Appetit gegessen werden kann. In diesem Sinne möchte die nachfolgende Rezeptsammlung nicht nur zu einem Probeessen, sondern zu einer langdauernden Ernährungsumstellung führen. Also alle Leser möchten sich zu ihrem eigenen Nutzen dieser aus Erfahrung für Krebskranke zusammengestellten Rezeptsammlung einer geschätzten Ernährungsberaterin bedienen.

Guten Appetit und guten Erfolg!

Dr. W. Schultz-Friese,
Facharzt für innere Krankheiten,
Hutbühlstraße 27,
88662 Überlingen 12-Ernatsreute

Grundsätze für die Durchführung einer sinnvollen Ernährung

Margot Monnier,
Ernährungsberaterin

„Kein Umweltfaktor greift so tief in das biochemische Geschehen ein wie die zugeführte Ernährung"

(Prof. Zabel)

Zu einer gesunden Ernährung gehören Lebensmittel, die vom Boden her gesund sind und die in ihrer biologischen Ganzheit und Harmonie nicht geschädigt wurden. Sie sollten frei sein von Triebdüngung und Resten von Spritzgiften, also wenn eben möglich, aus biologischem oder biologisch-dynamischem Anbau stammen.

Ein Lebensmittel ist nur dann qualitativ hochwertig, wenn seine Begleit- oder Ergänzungsstoffe wie Vitamine, Fermente, Mineral- und Spurenstoffe, Farb-, Aroma- und Wuchsstoffe nicht durch chemische oder mechanische Einwirkung geschädigt oder sogar beseitigt wurden. Bei den Nährstoffen, den Kohlenhydraten, dem Fett und Eiweiß ist das heute oft der Fall. Solche Erzeugnisse sind für die Ernährung der Gesunden und Diätbedürftigen ungeeignet und sollten durch vollwertige Produkte ersetzt werden.

Die einseitige Verschiebung der Wohlstandskost auf den Fleisch-Fett-Zucker-Feinmehl-Anteil ist die Ursache vieler ernährungsbedingter Krankheiten. Deshalb sollte die Grundnahrung bestehen aus sehr reichlich Frischkost (Wurzel, Blatt und Blüte), Vollgetreideprodukten, Milcherzeugnissen und hochaktiven Fetten. Für den Krebsgefährdeten und Krebskranken ist außerdem ein reichlicher Anteil an tierischen und pflanzlichen Milchsäuregärungsprodukten wichtig. Dabei nimmt die rote Bete (Rande oder rote Rübe) eine besondere Stellung ein, sowohl hinsichtlich ihres Reichstums an Vitaminen, Mineralstoffen wie auch an einem besonders wertvollen Farbstoff (Betazyan), insbesondere da es Dr. Konrad Otto gelungen ist, den Nitratgehalt der Bete wesentlich zu reduzieren. Der milchsauer vergorene Most und das milchsauer vergorene Gemüse enthalten außerdem die stoffwechselaktive Milchsäure. Zur angestrebten Normalisierung der Stoffwechsellage ist es deshalb wichtig, daß täglich Gerichte mit Bete-Most, Bete-Saft, Bete-Frischkost und Bete-Gemüse, gegebenenfalls auch Bete-Pulver gegeben werden. Nach Dr. Ferenczi, Budapest, ist nicht nur der Farbstoff in der Knolle krebsfeindlich, sondern auch derjenige in den Blättern und Stengeln. Der wertvolle rote Farbstoff ist auch in den Holunderbeeren, Heidelbeeren, schwarzen Johannisbeeren, Brombeeren, Blutorangen und ihren Säften enthalten.

Da unser Organismus die Menge an roter Bete und ihrem Saft oder Most kaum schafft, zudem für ältere Menschen die rohe rote Bete oft schwer kaubar ist, wurden außer dem Bete-Pulver, rote Bete-Konzentrate, Lutschtabletten und Kroletten (mit Vit.-C) in Tablettenform geschaffen, um die Zellatmung anzuregen. Rote Bete ist wirksam zur Vorbeugung, Therapie-Unterstützung und Nachsorge.

Vorsicht vor den sogenannten „Vollwert-Kochbüchern“, die heute reichlich den Büchermarkt bevölkern. Sie bieten zwar hübsche bunte Bilder, wie die meisten illustrierten Zeitschriften, dafür aber oft falsche Informationen. Es fällt auf, daß reichlich Eier, tierische Fette und Süßungsmittel verwendet werden. Der Krebskranke darf jedoch keine Zuckerarten konsumieren, weder weißen, braunen, Trauben- oder Fruchtzukker, auch keine synthetischen Süßungsmittel wie Sacharin oder Cyklamat. Das einzige natürliche Süßungsmittel ist der Honig.

Viele Menschen wissen heute schon Bescheid um die Wichtigkeit von Vitaminen, die täglich mit der Nahrung in Form von Frischkost, Vollkorn und Milchprodukten genossen werden sollen, aber wenig von Mineralstoffen und Spurenelementen, die ebenso wichtig sind.

Magnesium:
Die Erforschung des Magnesiums hat erst vor einigen Jahren begonnen. Es ist ein lebenswichtiger Stoff, den Wissenschaftler als Anti-Streß-Mineral bezeichnen. Ein Mangel an Magnesium in der Nahrung kann Tromboseneigung, Herzbeschwerden bis zum Herzinfarkt verursachen, Krampfzustände im Magen-Darmtrakt, in der Bein- und Nackenmuskulatur, Unterleibskrämpfe, Schlafstörungen, Kopfschmerzen, Schwindelgefühle, Konzentrationsschwäche, Migräne sowie Lärmstreß. Auch die Haut benötigt diesen wichtigen Mineralstoff. Die Hemmung der Magnesiumaufnahme geschieht durch Alkohol, fleisch- fett- und eiweißreiche Nahrung, durch Fabrikzucker, Weißmehl, Kaffee- und Teekonsum, Einnahme der „Pille“ und Abführmittel. Nach einseitigen Schlankheits- und Entwässerungskuren ist immer ein Mangel zu verzeichnen. Auch Lärmstreß und starke Stickstoffdüngung behindern die Magnesiumaufnahme.

Magnesium sorgt für die Aktivierung der Infektabwehr, der Krebsabwehr (nach Prof. Delbet, Paris) und vermindert zu hohen Cholesterinspiegel und die damit verbundenen Risiken.

Es ist enthalten in:
Vollkorn, Weizenkeimen, Weizenkleie, Mandeln, Mandelmus, Nüssen, Nußmus, Pistazien, Vollsoja, Sojabohnen, Haferflocken, Naturreis, Hülsenfrüchten, Hirse, Grünkern, Mais geschält, Hagebutten getrocknet, Blattgrün, schwarzen Rettich, Gemüse roh, Milch (siehe auch Heilwässer). Mit diesen Lebensmitteln wird das Immunsystem günstig beeinflußt. Sie sind meist im Rezeptteil verarbeitet.

Zink in der Krebsabwehr

Soweit man heute erforscht hat ist Zink ein bedeutender Faktor in der Krebsabwehr. Er steigert die Immunitätsprozesse, unterstützt Heilungsvorgänge bei Wunden, verlangsamt Alterungsprozesse und ist unentbehrlich bei zahlreichen Körperfunktionen. Eine basische Ernährungsform (siehe Rezeptteil) kann eine rasche Besserung der Zinkmangelsymptome bewirken. Nur die Pflanze ist der Vermittler von Zink von der Erde zur menschlichen Nahrung.

Die Hauptspeicher von Zink sind: Inselzellen, Prostata und Knochensystem.

Zinkmangel bewirkt: Haarausfall, gestörte Vitamin-A-Verwertung, Hautschäden, Nagelwachstumsstörungen, männliche Unfruchtbarkeit, Skelettschädigung.

Zinkspender sind:
Keimfähiges Vollgetreide, Weizenkeime, Weizenkleie, Samenfrüchte (Leinsamen, Sonnenblumenkerne, Sesam etc.), Mais, Hirse, Datteln, Chicorée, Zwiebeln, Molke, Buttermilch (Orotsäure), Eigelb, weiße Bohnen, Nüsse und Nußmus. Ferner Gewürze wie: Basilikum, Cardamom, Dill, Fenchel, Ingwer, Koriander, Mohn, Selleriesamen, Senfkörner.

Silicium (Kieselsäure)

Amerikanische Forscher haben festgestellt, daß Silicium für den Menschen ein lebenswichtiges Element ist. Es ist von besonderer Bedeutung für die Bildung von Bindegewebe, die Knochenbildung, die Haut, den Magen-Darmtrakt, die Zähne, die Haare, die Nägel und ist in folgenden Nahrungsmitteln enthalten:

Gerste, Hafer, Weizen, Hirse, Kartoffeln, Buchweizentee, Zinnkrauttee- und Saft, Hafersaft, Spitzwegerichsaft. (Alle angeführten Mineral- und Spurenstoffe sind als Nahrungsergänzungmittel im Reformhaus erhältlich.)

Spurenstoff Selen

Nach neuesten Forschungen ist Selen ein lebensnotwendiges Spurenelement. Der saure Regen und kalkarme Böden fördern die Entstehung von Selenmangel. Der Zusammenhang zwischen Mangel und Krankheiten gilt als erwiesen (Adernverkalkung, Herzinfarkt, Bluthochdruck, rheumathische Gelenkerkrankungen, Krebserkrankungen nach Dr. Klaus Mohr). Auch am Sehvorgang ist Selen beteiligt.

Alkohol, Rauchen und fleischreiche Ernährung senken bzw. hemmen die Aufnahme von Selen. Das Spurenelement bildet einen Schutzfaktor gegen Schwermetallbelastung. Die Abwehrkraft des Körpers wird günstig beeinflußt. Die beste Vorbeugung gegen Mangelerscheinungen ist eine vollwertige Nahrung. Nach bisherigen Forschungen ist Selen enthalten in:

Vollgetreide, Naturreis, Weizenkeimen, Hülsenfrüchten, Spargel, Gemüse, Sesamsaat und Pistazien. Als

Nahrungsergänzung gibt es selenreiche Tabletten oder Kapseln im Reformhaus.

Jeder Diätbedürftige und jeder „Nochgesunde" sorge in seiner täglichen Kost für einen Ausgleich des *Säure-Basen-Gleichgewichts*.

Die übliche Wohlstandskost ist einseitig säurebildend und verschlackt den Organismus mit Harnsäureablagerungen, die zu Stoffwechselerkrankungen führen. Daher seien hier die Harnsäurebildner und -Spender angeführt:

Fleisch, Fleischbrühe, Wurst, Eier, Wild, Geflügel, Innereien, Speck, Schinken, Fisch, Fischkonserven, isolierte Zucker, Süßigkeiten, Weißmehlerzeugnisse, Graumehlerzeugnisse, Hülsenfrüchte (außer Sojabohnen), Spargelwasser, Kaffee, Schwarztee, Kakao, Schokolade und Alkohol.

Einen Ausgleich schafft basenüberschüssige Nahrung wie: Rohes Obst und Obstsaft ungesüßt, auch Muttersäfte, Rohgemüse (Wurzel, Blatt und Blüte), Gemüsebrühe, Gemüse-Most, milchsaure Gemüse (z. B. biologisches Frischkost-Sauerkraut, Eden), rohe Salate, Pellkartoffeln, Molke, Buttermilch, Naturreis, Vollsoja, Mandeln, Mandelmus, Kastanien, Kräuter, Pflanzensäfte.

Verwenden

Allgemeine Regeln

Die Ernährung sollte möglichst lacto-vegetabil sein. Die pflanzlichen Lebensmittel sollten überwiegend frisch (siehe Abschnitt Frischkost) verwendet werden, ohne stark treibende Düngung und frei sein von Resten giftiger Schädlingsbekämpfungsmittel, also zweckmäßig aus entsprechendem biologischen oder biologisch-dynamischem Anbau stammen. Täglich sind milchsaure Nahrungsmittel (siehe „Milchsaure Kost“) zu genießen.

woher?

u. biologischer Anbau
wo in Garbsen?

Vermeiden

Denaturierte, manipulierte Nahrung, leere Kalorien (Nahrungsmittel die wie z. B. der Zucker frei von Vitaminen und Mineralstoffen, also nur reine Kalorienlieferanten sind).

Verwenden	Vermeiden

Eiweiß

Sauermilchen und Magerquark, das pflanzliche Eiweiß der Vollgetreideprodukte, Weizenkeime, Hefeerzeugnisse (Beide sehr Vitamin-B-haltig), Vollsjoa mit 20% oder Sojamehl fettarm mit 6% Fett, grüne Blätter, Nüsse und Mandeln und das Püree daraus. Diese Eiweißarten sind entweder für sich allein hochwertig oder werden durch Mischungen besonders wertvoll, z. B. Vollkorneiweiß und Blattgrüneiweiß im Verhältnis 9:1 (Forschungen McCollum). Nach Dr. E. Kofranyi (Max Planck-Institut für Ernährungsphysiologie) haben Mischungen zweier Proteine immer eine höhere Wertigkeit als die beiden Komponenten. Die angeführten Eiweißarten sind „leberfreundlich". Die täglich benötigte Eiweißmenge ist selbstverständlich individuell. Man rechnet etwa 0,5 bis 0,8 g pro Kilo Körpergewicht, davon etwa die Hälfte tierischen Ursprungs (Milcherzeugnisse) und die andere Hälfte aus pflanzlichen Produkten.

Eiweißüberschüssige Nahrung, insbesondere die Überfütterung mit Eiweiß aus Fleisch, Fleischwaren, Fisch und Eiern. Dieses Eiweiß ruft im Darm Fäulnisdyspepsie hervor und wirkt dadurch leberbelastend. Die Herstellung eines gesunden Darmmilieus gehört jedoch zur Voraussetzung der Normalisierung der Stoffwechsellage.

Verwenden	Vermeiden

Kohlenhydrate

Verwenden: Vollkornerzeugnisse – zuerst solche leichtest bekömmlicher Art wie Vollkornschleime, zarte Flocken, feine Schrote, Knäckebrote, ungesüßte Vollkornzwiebacke und -Kekse. Ferner Naturzuckerspender wie frisches Obst, ungesüßte naturreine Fruchtsäfte wie: Heidelbeer-, Holunder-, Brombeer-, schwarzer Johannisbeer-Saft, also Säfte mit einem hohen Gehalt an natürlichen Farbstoffen. Saure Säfte begünstigen die Salzsäureproduktion im Magen. Bei entzündlichen Vorgängen des Magens und Darms: Saftvermischung mit Schleim. Ferner nicht wärmegeschädigter, noch fermenthaltiger Honig, Ahornsirup oder Birnendicksaft (sparsam). Ungeschwefelte Trockenfrüchte in kleinen Mengen.

Vermeiden: Zucker und alle damit gesüßten Erzeugnisse (Marmeladen, Kompotte, gesüßte Säfte, Süßigkeiten), alle Weißmehl- und Graumehlprodukte. Alle Stärkemehle. Sie enthalten an Vitaminen und Mineralstoffen entweder nichts mehr (Zucker) oder nur noch sehr geringe Teile des Ausgangsproduktes (Feinmehl). Dadurch verursachen sie Mangel an Vitamin B und Calzium. Alle genannten Produkte rufen im Darm Gärungsdyspepsie hervor und eine ungünstige Erhöhung des Blutzuckerspiegels mit reaktivem Abfall unter die Norm. – Ferner Cyclamate und sonstige Kunstsüßstoffe. Hülsenfrüchte und schwer verdauliche, gekochte Kohlarten. Frühkartoffeln.

Verwenden	Vermeiden

Fette

Kaltpreßöle oder hydraulisch gepreßte, nicht chemisch nachraffinierte Öle, die einen natürlichen Wirkstoffgehalt, vor allem Vitamin E haben und einen Gehalt von etwa 60% mehrfach ungesättigter Fettsäuren. Als Streichfette: Eden spezial, Vitaquell extra, Diäsan, Vitagen, Sauerrahmbutter.

Bei Verwendung von Nuß- und Mandelmus (siehe unter „Eiweiß") ist deren hoher Fettgehalt zu beachten. (Haselnüsse = 62%, Haselnußmus = 68%, Mandeln = 54%, Mandelmus = 59% Fettgehalt.) Daher nur teelöffelweise pro Person verwenden.

Die Fettmenge betrage in der Dauerkost höchstens 40 g sichtbares Fett, davon etwa 20 g Kaltpreßöl für Frischkost, pikante Quarkgerichte oder Quarkgetränke und 20 g Koch- und Streichfett. Falls Fetteinsparungen erfolgen müssen, soll zuerst am Koch- und Streichfett gespart werden. – Bei der Zubereitung das Fett nicht erhitzen, sondern nachträglich an die Speisen geben.

Alle denaturierten, gehärteten, extrahierten, raffinierten Fette mit einem Mangel an mehrfach ungesättigten Fettsäuren. Also keine Mast- und Schlachtfette, keine gehärteten Margarinen und Kokosfette, auch keine extrahierten und raffinierten Öle. Besonders ungünstig wirkt sich die Kombination von gehärteten oder Mastfetten mit Zucker und weißem Mehl aus (Konditoreiwaren!). Ferner keine mehrmals erhitzten Fette nehmen. Nichts Gebackenes, Gebratenes, Paniertes! Kein Öl aus gerösteter Ölsaat nehmen (schlesisches Leinöl). Keine Räucherwaren.

Verwenden	Vermeiden

Frischkost

Frische, ungekochte Nahrung dient nach Dr. Bircher-Benner und Prof. Kollath dem Körper als Heilfaktor. Sie darf durch Unachtsamkeit nicht schon in der Küche entwertet werden. Nur frische, nicht abgelagerte Erzeugnisse verwenden. Frischkost kurz warm waschen, um Spritzgifte zu entfernen. Ganze Blätter waschen, nicht zerkleinert im Wasser liegen lassen. Frischkost, auch geschälte Kartoffeln, nie im Wasser stehen lassen. Das Biosmonbad verhindert die Auslaugung wasserlöslicher Stoffe von Obst, Gemüse und Salaten. Zerkleinerte Frischkost nicht lange stehen lassen, da sonst starker Vitalstoffverlust eintritt, also erst kurz vor dem Essen zubereiten. Salate evtl. im Tuch trokkenschwenken, damit die Salatsauce nicht verdünnt wird. – Frischkost wirkungsvoll verzieren, das Auge „ißt" mit. – Jede Frischkost, auch Säfte vor der gekochten Kost reichen. – Rohkost gründlich kauen und einspeicheln, um die Sekretion der Speichel- und Magendrüsen anzuregen. – Die leichtest verdauliche Rohkost ist der Gemüsesaft, die schwerst verdauliche Form ist die Kraut- oder Kohlrohkost, die aber, gut gekaut leichter verdaulich ist als gekochtes Kraut.

Verwenden	Vermeiden

Milchsaure Kost

Täglich zur Frischkost einen reichlichen Anteil von milchsauer vergorenen Gemüsen und Säften geben (siehe Rezeptteil). Ferner Sauermilchprodukte (Sanoghurt, Bioghurt, Biogarde, Buttermilch, Dickmilch aus roher Vorzugsmilch und Schafmilch entrahmt. Die bei der Milchsäuregärung pflanzlicher und tierischer Nahrungsmittel entstandene Milchsäure trägt wesentlich zur Normalisierung der Darmbakterienwelt bei.

Dauerkost-Aufwertung

Die Dauerkost soll aus täglich etwa 5–6 kleinen Mahlzeiten bestehen und kalorienarm, leicht bekömmlich und appetitlich angerichtet sein. – Da Kochkost keine Fermente mehr enthält, muß reichlich Frischkost im Tagesplan enthalten sein. – Täglich sollen Vitamin-C-Träger in natürlicher Form gereicht werden wie Weleda-Sanddorn Ursaft (500 mg %) Sanddorn ungesüßt, Hagebuttenmus ungesüßt, unbehandelte Zitrusfrüchte, schwarze Johannisbeeren und deren ungesüßter Saft, Petersilie, Paprika (der rote hat das meiste Vit.-C), Camu-Camu-Lutschbonbons (ohne Zucker). Täglich Vit.-B-Diätetika verabreichen wie Weizenkeime, Bierhefepulver, Hefeflocken und Hefe-Extrakte.

Verwenden	Vermeiden

Würzen

Verwenden: Vollmeersalz Dangasal in flüssiger Form sparsam verwenden und nach dem Kochen zugeben. Frische Kräuter, Trockenkräuter, Hefe-Extrakt, Vitam-R, fermentierte Soja-Sauce Shoju, Zwiebeln und Knoblauch, beide gegebenenfalls als Saft frisch gepreßt an die Gerichte geben. (Knoblauch ist der billigste Darmentgifter und neutralisiert Schwermetalle.) Er enthält das seltene Spurenelement Germanium und hat antibiotische Wirkung wie auch Meerrettich und Brunnenkresse. Ferner Paprikapulver edelsüß, Knoblauchpulver, Zitronensaft, Milchsäure, Obstessig (sparsam).

Vermeiden: Übliches Salzen, scharfe Senf (Mostrich)-Sorten, Fleischbrüh-Extrakte, Essigessenz, Chemische Aromastoffe, und bei entzündlichen Vorgängen des Magen-Darmtraktes und der Nieren Paprika und Meerrettich, Pfeffer. Zwiebeln und Knoblauch bei Unverträglichkeit pressen.

Getränke

Verwenden: Gemüsesäfte, milchsauervergorene Gemüsemoste, insbesondere Rote-Bete-Most, ungesüßte Obstsäfte und damit verarbeitete Milchmixgetränke, Buttermilch, Molke, Sauermilchen, Kräuter- und Bittertees, möglichst magnesiumhaltige Mineralwässer.

Vermeiden: Alkohol und alkoholhaltige Getränke, Kaffee und koffeinhaltige Getränke, mit Zucker oder Süßstoffen aller Art, auch Cyklamate und Sacharin, gesüßte Limonaden und Fruchtsaftgetränke, schwarzer Tee, Kakao und Kakaogetränke, Schokolade, Getreidekaffee (wegen der Röstprodukte!), nitrat- und salzreiche Mineralwasser mit Kohlensäure.

Verwenden	Vermeiden
Bei Verstopfung	
Leinsamen und Leinsamenerzeugnisse wie Linusit Gold, Flüggelin, ferner Diätkleie, Dörrzwetschen und Feigen eingeweicht und eventuell püriert, Sauermilchen, Gemüsemoste, milchsaure Gemüse.	Alle üblichen Abführmittel
Bei Durchfallserscheinungen	
Frisch gepreßten Heidelbeersaft oder verdünnten Heidelbeer-Muttersaft, evtl. vermischt mit Vollkornschleim aus Hafer, Reis oder getrocknete Heidelbeeren (feinst gekaut), fein geriebener Apfel ohne Schale und Gehäuse, Möhrensuppe.	Alle üblichen Stopfmittel

Der Rezeptteil ist der Dauerkostform gewidmet. Diese Kost kann, ohne Mangel zu leiden, jahrelang bzw. dauernd durchgeführt werden. Sie ist lacto-vegetabil zusammengestellt mit einem täglichen Anteil Milchsäuregärungserzeugnissen pflanzlicher und tierischer Art, der bei Notwendigkeit erhöht werden kann. Falls aus irgendeinem Grund Gerichte aus Fleisch gewünscht werden, soll das Fleisch aus ungemästeten natürlich lebenden Tieren stammen und nicht aus sogenannter Intensivwirtschaft. Frei laufende Schafe, Lämmer und Hammel geben besseres Fleisch als Stallvieh.

Es kann sich als notwendig erweisen, bevor die Dauerkostform vertragen wird, Tee-, Saft- und Schleimtage einzuhalten. Kräutertee ohne Zucker, Gemüsebrühe, frisch gepreßte Gemüse- oder Obstsäfte, auch Muttersäfte vom Reformhaus (das sind Säfte ohne Zucker und Wasser). Der Saft kann, wenn pur unverträglich, mit 50% Wasserschleim aus Vollgetreide vermischt werden. Die fertige Mischung wird mit 1 Teel. Weizenkeime zur Vitamin-B-Anreichung versehen. Falls nach ärztlicher Verordnung Kleinstmengen dieser Nahrung verabfolgt werden müssen, um einer geminderten Verdauungsleistung gerecht zu werden, können Schleim und Tee auf Vorrat hergestellt werden, doch darf der Saft immer nur frisch zugesetzt werden.

Der Rezeptteil wurde nicht nach Kalorien berechnet, denn nicht das Kaloriensoll pro Tag ist entscheidend, sondern die biologische Qualität und ihre schonende Zubereitung in der Küche sind enscheidend.

Mit D (Diät) versehene Rezepte sind für empfindliche Verdauungsorgane geeignet. Viele der in den Rezepten angeführten Erzeugnisse sind im Reformhaus erhältlich.

In Gramm sind enthalten!

1 Eßl. Haferflocken	= 20 g
1 Eßl. Weizenmehl	= 15 g
1 Eßl. Weizenkörner	= 20 g
1 Eßl. Öl	= 10 g
1 Eßl. Margarine	= 20 g

1
Gerstenflocken-Müsli (D)

Zutaten:
1 Becher Sanoghurt (150 g)
1 Eßl. Gerstenfrischkorn-Flocken
1 Eßl. Weizenkeime
1 Apfel oder Birne geschält und ohne Gehäuse
1 Eßl. Zitronen- oder Orangensaft
1 Teel. Honig
1 Teel. Haselnußmus

Zubereitung:
Sanoghurt mit Honig und Nußmus verrühren, das Obst fein raspeln und sofort unterziehen, um Vitaminverlust zu vermeiden. Mit den restlichen Zutaten mischen. Ein Müsli muß immer frisch hergestellt werden.

2
Mandelmus-Müsli

Zutaten:
1 Teel. Mandelmus
2 Eßl. Erdbeer-Muttersaft
1 Teel. Honig
1 Handvoll Erdbeeren
1 Eßl. geschroteter und vorgeweichter Demeter-Schrot
1 Eßl. Weizenkeime
Bestreuen mit Linomel

Zubereitung:
Das Mandelmus mit Saft und Honig verrühren, Beeren zerkleinern und mit den restlichen Zutaten vermischen. Ein Teil der Beeren kann auch fein zerquetscht werden.

3
Gekeimtes Müsli

Zutaten:
2 Eßl. Vollgetreide aus Roggen, Weizen, Gerste, Dinkel keimen lassen.
Eine Handvoll Beerenfrüchte, Himbeeren, Brombeeren
1 Becher Sanoghurt
1 Teel. Honig
1 Teel. ger. Nüsse

Zubereitung:
Die Körner in flacher Schale über Nacht in Zimmertemperatur mit soviel Wasser ansetzen, daß sie bedeckt sind, quellen lassen, morgens abspülen und ausgebreitet trocken liegen lassen. Vorgang dreimal wiederholen. Dann können die Keimlinge roh, ganz oder zerquetscht wie andere Müsli auch mit Sauermilch, Obst und Nüssen gegessen werden. Der Vit.-B-Gehalt der gekeimten Körner ist besonders hoch. Die Ankeimung kann auch im Biosnacky-Gerät erfolgen.

4
Quark-Müsli (nach Dr. Budwig) (D)

Zutaten:
2 Eßl. Quark
4 Eßl. Buttermilch
1 Eßl. kalt gepreßtes Leinöl
1 Eßl. Weizenkeime
1 Orange oder anderes Obst
1 Teel. geriebene Nüsse
Mit Linomel bestreuen

Zubereitung:
In eine Schale die zerkleinerte Orange geben, darüber geriebene Nüsse, Linomel und Weizenkeime streuen, zum Schluß die mit Öl und Buttermilch verrührte Quarkcreme geben.

5
Warmes Frühstück (D)

Zutaten:
2 Eßl. Vollkornschrot
¼ l Wasser
1 Teel. Sanddorn Ursaft
Saft von ½ Zitrone
1 Eßl. Weizenkeime
1 Teel. Honig
1 Teel. Mandelmus
1 Teel. ungeschwefelte Rosinen
½ fein zerquetschte Banane

Zubereitung:
Schrot in etwas kaltem Wasser glatt rühren und in das kochende Wasser geben. Gut durchkochen. Etwas abkühlen lassen und dann erst die anderen Zutaten daruntermischen. Variation: Honig, Obst, Rosinen, Zitrone weglassen und pikant mit Hefe-Extrakt und frisch gepreßtem Knoblauch- oder Zwiebelsaft (Zellulose weglassen) und feinst gewiegter Petersilie zubereiten.

6
Hirseflocken-Müsli (D)

Zutaten:
1 Becher Sanoghurt
2 Eßl. Hirseflöckli
1 Teel. Honig
1 Teel. Mandelmus
1 Banane fein zerquetscht
1 Eßl. Orangensaft
Mit Linusit bestreuen

Zubereitung:
Hirseflöckli mit Sanoghurt, Honig und Mandelmus verrühren und mit den anderen Zutaten vermischen.

Zu jedem Frühstück können Kräuter- oder Früchte-Tees gereicht werden. Wenn ein Frühstück mit Brot bevorzugt wird, so könnten feinschrotige Vollkornbrote wie Grahamschnitten, Weizenkeim- oder Leinsamenbrote verwendet werden. An Knäckebroten: Leinsamen-, Kümmelknäcke oder Weizenknäcke. Als Belag diene Quark oder Camembert. An Stelle von Konfitüre (Zuckerzusatz!) kann man das Brot mit Bananenscheiben oder Birnenscheiben belegen. An Fetten Reformhaus-Margarinen oder auch mal Sauerrahmbutter. Aber einmal am Tag sollte ein Müsli verzehrt werden.

7
Bunter-Chicorée-Salat

Zutaten:
2 Stangen Chicorée geputzt
1 kleiner säuerlicher Apfel
2 michsaure Dillgurken
2 Eßl. milchsaure Bete zerkleinert
1 Eßl. zerkleinerte Zwiebel
bei Empfindlichkeit Zwiebelsaft
ausgepreßt ohne die Zellulose
Zur Sauce:
1 Eßl. Quark
3 Eßl. Buttermilch
1 Eßl. Zitronensaft oder Milchsäure
1 Eßl. Sonnenblumen-Kaltpreßöl
1 Messerspitze Delikateß-Senf
1 Teel. geriebener Meerrettich frisch
Zum Verzieren:
frischer Basilikum und Petersilie

Zubereitung:
Chicorée und Bete kleinschneiden und mit dem grob geraspelten Apfel und Gurken und der gewiegten Zwiebel vermischen. Die gut geschlagene Salatsauce kurz vor dem Anrichten darübergießen. Der geriebene Meerrettich muß sofort unter die Sauce gehoben werden, weil er sonst das Vit.-C verliert.

8
Endivien-Salat

Zutaten:
1 Endivie geputzt
(ganze Blätter waschen)
2 Eßl. milchsaure Bete zerkleinert
2 Eßl. milchsaure Zwiebeln
Zur Sauce:
2 Eßl. Distelöl
Saft 1 Zitrone
1 Teel. Delikateßsenf
1 Teel. Hefe-Extrakt Vitam-R
Knoblauch feinst geschnitten oder
nach Geschmack gepreßt
Vollmeersalz Dangasal sparsam

Zubereitung:
Die Endivienblätter waschen und vorsichtig in Tüchern trocknen, kleinschneiden, mit der Sauce vermengen und mit der Bete verzieren.

9
Buntes Allerlei

Zutaten:
1 kleiner fester Kopf Radicchio
1 Kopf Friseesalat klein
1 kleine Endivie
eine Handvoll Spinat
einige Blätter Escarol
eine Handvoll Brunnenkresse
Zur Sauce:
Sonnenblumen-Kaltpreßöl
Zitronensaft

1 Messerspitze Hefe-Extrakt Vitam-R
Senfpulver, Knoblauchpulver,
Dickmilch

Zubereitung:
Salate geputzt, gewaschen, trockengeschwenkt und zerkleinert, Saucenzutaten mixen und erst kurz vor dem Anrichten mit der Sauce begießen.

10
Feldsalat (Nüßlisalat) D

Zutaten:
200 g Feldsalat
3 Eßl. milchsaurer Sellerie
3 Eßl. milchsaure Bete
Zur Sauce:
Buttermilch
Distelöl
Obstessig
frisch gepreßter Zwiebelsaft

Zubereitung:
Salat putzen, waschen und trockenschwenken. Kurz vor dem Anrichten mit der Sauce mischen und mit den zerkleinerten milchsauren Gemüse verzieren.

11
Fenchel-Salat

Zutaten:
Je nach Größe 3–4 Fenchelknollen
Das Grobe entfernen. Waschen und in feine Scheibchen schneiden
2 Eßl. milchsaurer Paprika
4 milchsaure Dillgurken je nach Größe
2 Eßl. fein gehackte Zwiebeln
Schnittlauch, Petersilie, Basilikum frisch
Zur Sauce:
Obstessig, Sonnenblumen-Kaltpreßöl, Vollmeersalz Dangasal, Fenchelwürze.

Zubereitung:
Den fein geschnittenen Fenchel mit dem milchsauren zerkleinerten Gemüse und Zwiebeln mischen, mit der Sauce begießen und den zerkleinerten Kräutern bestreuen.

12
Frühlingssalat

Zutaten:
1 Handvoll voll Löwenzahnblättern
1 Handvoll voll Feldsalat
1 kleiner fester Radicchio
2 Stangen Chicorée
3 Eßl. milchsaures Allerlei aus dem Glas, 2 geraspelte Möhren
Zur Sauce:
Distelöl, Zitronensaft, Sanoghurt, Trockenkräuter gerebelt: Estragon, Majoran, Dillspitzen, Bohnenkraut, gehackte Zwiebel, Saft von Knoblauchzehen

Zubereitung:
Die geputzten, gewaschenen, trockengeschwenkten und zerkleinerten Zutaten kurz vor dem Anrichten mit der Sauce begießen und mit frischer Petersilie, Schnittlauch, Basilikum und ausgepreßter Knoblauchzehe gut vermischen.

13 Gemischter Salat

Zutaten:
Einige Blätter Kopfsalat
Einige Blätter Radicchio
2 Stangen Chicorée
Lauchzwiebeln
Gurke, Fenchel, Bete, Möhre, Champignon, Knoblauchzehe
Zur Sauce:
Sonnenblumen-Kaltpreßöl, Obstessig, Sanoghurt, Zwiebeln
Frische Kräuter nach Jahreszeit
Messerspitze Hefe-Extrakt Vitam-R
Messerspitze Delikateßsenf

Zubereitung:
Alle Zutaten säubern, waschen, trockenschwenken und gegebenenfalls raspeln oder fein schneiden. Mit der Sauce mischen.

14 Grüner Salat 1 (D)

Zutaten:
1 Kopfsalat
1 Bund Radieschen
3 Eßl. milchsauren Sellerie
Zur Sauce:
Buttermilch, Zitronensaft, Sonnenblumen-Kaltpreßöl, Hefe-Extrakt Vitam-R, Zwiebelsaft gepreßt

Zubereitung:
Kopfsalat und Radieschen waschen, trockenschwenken, zerpflücken bzw. halbieren. Sellerie zerkleinern. Mit der Sauce vermischen.

15 Grüner Salat (2)

Zutaten:
1 Kopfsalat
2 Eßl. milchsaures Allerlei
2 Eßl. milchsaure grüne Bohnen
Zur Sauce:
Sanoghurt, Zitronensaft
kalt gepreßtes Leinöl
Saft von 1 Zehe Knoblauch
Hefe-Extrakt Vitam-R
Kräuter gewiegt:
Petersilie, Beinwell, Dill, Majoran, Bohnenkraut, Estragon
(oder gerebelte Trockenkräuter)

Zubereitung:
Den vorbereiteten Salat in Tüchern trockenschwenken, zerpflücken, mit der Kräutersauce vermengen und mit milchsauren Gemüsen verziert servieren.

16
Gurken-Salat

Zutaten:
1 Salatgurke
zarte Salat- und Brennesselblätter
milchsaures Allerlei
Zur Sauce:
1 Becher Sanoghurt
2 Eßl. Quark, Obstessig
Sonnenblumen-Kaltpreßöl
Saft von 1 Zehe Knoblauch
1 Sträußchen frischer Dill
oder ger. Dillspitzen
Vollmeersalz Dangasal

Zubereitung:
Quarkmayonnaise herstellen, auf Teller die grünen Kräuter als Kranz legen, in die Mitte die geschälten und und in Würfel geschnittene Gurke legen und häufeln, mit Mayonnaise begießen und mit milchsaurem Gemüse verzieren. Falls die Gurke unbehandelt ist, kann die Schale mitverwendet werden (sehr gut kauen).

17
Milchsaurer Bohnen-Salat

Zutaten:
1 Glas milchsaure Bohnen
2 Eßl. milchsaure Zwiebeln
1 rote Paprika
Zur Sauce:
Saft der milchsauren Bohnen
Distelöl, Knoblauchpulver
Paprikapulver, Schnittlauch, Dill,
Bohnenkraut, möglichst alles frisch,
sonst gerebelte Trockenkräuter,
einige Blätter grünen Salat

Zubereitung:
Paprikaschote vorbereiten, waschen, Kerne und Scheidewände entfernen, fein schneiden, milchsaure Gemüse zerkleinern, auf Salatblättern anrichten und mit Sauce begießen. Falls roher Paprika schlecht verdaut wird, Schote kurz in heißem Wasser blanchieren und Haut abziehen.

18
Milchsaurer Bete-Salat 1

Zutaten:
1 Glas milchsaure Bete
150 g Feldsalat
Zur Sauce:
Saft der Bete, Distelöl
fein gewiegte Zwiebel
Kümmelpulver, Delikateß-Senf

Zubereitung:
Die zerkleinerte Bete mit dem geputzten, gewaschenen und trockengeschwenkten Feldsalat garnieren. Mit der Sauce begießen.

19 Milchsaurer Bete-Salat 2 (D)

Zutaten:
1 Glas milchsaure Bete
1 Glas milchsaure Sellerie
2 säuerliche Äpfel
Zur Sauce:
2 Eßl. Quark mit Buttermilch verrühren
Zitronensaft, Walnußöl
Messerspitze Honig
Messerspitze Delikateß-Senf
frisch geriebener Meerrettich
Petersilie zum Verzieren

Zubereitung:
Alle Zutaten in kleine Würfel schneiden (Apfel evtl. schälen) und mit der Quarkmayonnaise gut vermischen. Mit Petersilie verzieren.

20 Möhren-Salat (D)

Zutaten:
4–6 junge Karotten
3 säuerliche geschälte Äpfel
½ Glas milchsaure Sellerie
2 Orangen
Zitronenmelisse
Zur Sauce:
1 Eßl. Mandelmus
1 Teel. Honig
Zitronensaft, Delikateß-Senf, Anispulver, saure Sahne, Walnußöl

Zubereitung:
Alle Zutaten zerkleinern und mit der gut verrührten Marinade begießen und mit Zitronenmelisse bestreuen. Der Salat ist auch für Kinder geeignet.

21 Paprika-Salat 1

Zutaten:
Rote, gelbe und grüne Paprika
1 Salatgurke
zarter Lauch (das Weiße nehmen)
milchsaure Zwiebeln (1 Glas)
Zur Sauce:
Quark, Buttermilch, Distelöl, Obstessig, Hefe-Extrakt Vitam-R, Knoblauchpulver, Paprikapulver, Vollmeersalz Dangasal
Zum Verzieren:
Schnittlauch, Basilikum

Zubereitung:
Die Paprikaschoten entkernen und Scheidewände herausschneiden, wa-

schen, Paprika fein, Lauch hauchfein schneiden, Gurke, falls unbehandelt, mit der Schale zerkleinern und alles mit der Marinade vermischen. Mit Kräutern bestreuen.

22
Paprika-Salat 2

Zutaten:
4–5 Paprikaschoten, bunt
250 g Schafkäse mit Knoblauch
1 Glas milchsaure Zwiebeln
Zur Sauce:
1 Knoblauchzehe zerquetscht
Obstessig, Paprikapulver scharf
1 Bund Basilikum
1 Bund Schnittlauch
Sauerrahm, Distelöl

Zubereitung:
Vorbereitung der Paprika wie Paprika-Salat 1. Fein zerschneiden, mischen, Schafkäse in kleine Würfel schneiden und alles mit der Sauce vermischen. Mit Kräutern bestreuen.

23
Rettich-Salat

Zutaten:
Je nach Größe mehrere Rettiche
Kopfsalatblätter, milchsaurer Paprika zum Verzieren
Zur Sauce:
Zitronensaft,
Sonnenblumen-Kaltpreßöl
Sauerrahm, Hefe-Extrakt Vitam-R
Vollmeersalz Dangasal,
frische Kräuter, Schnittlauch,
Basilikum, Beinwell

Zubereitung:
Zuerst die Sauce bereiten, gut schlagen und den gewaschenen Rettich hineinraspeln. Auf Teller die Salatblätter als Kranz legen, in die Mitte den mit Sauce vermengten Rettich legen. Mit milchsaurem Paprika verzieren und mit Kräutern bestreuen.

24
Rote Bete-Frischkost

Zutaten:
2–3 Knollen Bete (je nach Größe)
2 säuerliche Äpfel geraspelt
100 g Feldsalat zum Verzieren
Zur Sauce:
2 Eßl. Quark
Buttermilch zum Verrühren
kalt gepreßtes Leinöl
Obstessig
nach Geschmack frischer, geriebener Meerrettich, Meersalz Dangasal

Zubereitung:
In die pikant abgeschmeckte Sauce die geschälte Bete fein und die Äpfel grob hineinraspeln. Mi Feldsalat ver-

zieren. Meerrettich sofort mit der Sauce abdecken, weil er sonst den Vitamin-C-Gehalt verliert.

25
Radicchio-Salat

Zutaten:
Ein großer fester Kopf Radicchio
oder pro Person ein kleiner Kopf
Pro Person 1 Grapefruit
(Pampelmuse)
Zur Sauce:
Zitronensaft, Sonnenblumen-Kaltpreßöl, Honig, Vollmeersalz
Dangasal, Zitronenmelisse

Zubereitung:
Den entblätterten, gewaschenen und trockengeschwenkten Salat fein schneiden, die Grapefruit in kleine Würfel schneiden, gut mischen und mit der Sauce kurz vor dem Anrichten begießen.

26
Sauerkraut-Salat I

Zutaten:
1 Pfund Frischkost-Sauerkraut
vom Reformhaus
½ Glas milchsaure Bete
2 Eßl. milchsaure Zwiebeln
kalt gepreßtes Leinöl
Salatblätter zum Verzieren

Zubereitung:
Alle Zutaten zerkleinern, mit Öl vermischen und auf Salatblättern servieren.

27
Sauerkraut-Salat II

Zutaten:
1 Pfund Frischkost-Sauerkraut
vom Reformhaus, zerkleinert
milchsaure Dillgurken
2 säuerliche Äpfel
kalt gepreßtes Leinöl
milchsaurer Paprika

Zubereitung:
Alle zerkleinerten Zutaten mit Leinöl vermischen und mit Streifen von milchsaurem Paprika verzieren.

28
Sauerkraut-Salat III

Zutaten:
1 Pfund Frischkost-Sauerkraut
vom Reformhaus
1 Glas milchsaures Allerlei
kalt gepreßtes Leinöl
Feldsalat zum Verzieren

Zubereitung:
Alle zerkleinerten Zutaten mit Öl gut vermengen und mit einem Kranz von Feldsalat umgeben.

29
Sauerkraut-Salat IV

Zutaten:
½ Pfund Frischkost-Sauerkraut vom Reformhaus
1 rote und gelbe Paprikaschote
milchsaure Dillgurken
milchsaure Zwiebeln
1 kleine Peperoni
Zur Sauce:
Übrig gebliebene Milchsäure der Dillgurken
Sonnenblumen-Kaltpreßöl
Delikateß-Senf
Hefe-Extrakt Vitam-R
Zum Verzieren Schnittlauch

Zubereitung:
Sauerkraut und vorbereitete Paprika kleinschneiden und alles mit den halbierten Zwiebeln und den geraspelten Gurken mischen, Peperoni (sehr scharf) hauchfein schneiden und gut vermengen.

30
Sellerie-Salat milchsauer (D)

Zutaten:
1 Glas milchsaure Sellerie
½ Ananas
3 säuerliche Äpfel
Zur Sauce:
Quark, Zitronensaft, Walnußöl, Honig, Delikateß-Senf, Ingwerpulver
Kirschen zum Verzieren

Zubereitung:
Die zerkleinerten Zutaten mischen, mit der Quarkmayonnaise begießen und verziert servieren.

31
Ungarischer Salat

Zutaten:
1 rote, gelbe und grüne Paprika
½ Glas milchsaure Dillgurken
1 Glas milchsaure Zwiebeln, Schafkäse
2 Äpfel
3 Zehen Knoblauch zerdrückt
einige Salatblätter, Schnittlauch
Zur Sauce:
Sauerrahm, Quark, Milchsäure der Dillgurken, Sonnenblumen-Kaltpreßöl, Hefe-Extrakt Vitam-R, Delikateß-Senf, Senfpulver, Paprikapulver scharf, Knoblauchzehen zerdrückt

Zubereitung:
Alle zerkleinerten Zutaten mit der Sauce vermengen und etwas ziehen lassen, auf Salatblättern anrichten und mit Schnittlauch bestreuen. Der

Salat ist z.B. mit Pellkartoffeln (Gschwellti) eine vollwertige Mahlzeit.

32
Salatsauce
die für alle Blattsalate verwendet werden kann:

Zutaten:
Zitronensaft oder Milchsäure von den milchsauren Gemüsen
Kaltpreßöl, Zwiebeln, Knoblauch, Hefe-Extrakt, Delikateß-Senf, Paprikapulver, Knoblauchpulver, Dickmilch oder Sauerrahm
Salate: grüner Kopfsalat, Eissalat, Batavia, Lollo Rosso, Radicchio, Eichblattsalat, römischer Salat, Chinakohl

33
Brokkoli

Zutaten:
Brokkoliröschen
(etwa 200 g pro Person)
Sonnenblumen-Kaltpreßöl
Kapern, Zwiebeln, Schafkäse,
Vollmeersalz Dangasal
Paprikapulver scharf

Zubereitung:
Brokkoliröschen waschen, nach Wunsch zerkleinern, dämpfen oder in wenig Wasser al dente garen. Öl nachträglich zugeben, ebenso die anderen zerkleinerten Zutaten. Würzen.

34
Buchweizen-Grütze (D)

Zutaten:
300 g Grütze, 3 x mehr Gemüsebrühe
geraspelte Möhren
Zwiebelsaft gepreßt
Vollmeersalz Dangasal
Reform-Margarine
Hefeflocken, Petersilie

Zubereitung:
Die Grütze unter Rühren in kochende Gemüsebrühe geben und bei kleiner Hitze ausquellen lassen, geraspelte Möhren mitköcheln. Danach vom Feuer nehmen, würzen und Fett zusetzen.

35
Buntes Auberginen-Gemüse

Zutaten:
Je nach Größe etwa 4 Auberginen
1 rote und gelbe Paprikaschote
1 Zwiebel fein gewiegt
Paprikapulver scharf
Cenovis Hefepulver
körnige Würze vom Reformhaus
Sauer-Rahm-Butter

Zubereitung:
Die fein gewiegte Zwiebel und die vorbereitete Paprika in Streifen in wenig Wasser andämpfen, die zerkleinerten Auberginen mit schmoren, würzen und zum Schluß Hefepulver und Fett zugeben.

36
Chicorée mit Käsesauce (D)

Zutaten:
Je nach Größe pro Person
1–2 Stangen Chicorée
Vollmeersalz Dangasal
Zur Sauce:
Eden-Margarine, zum Binden
Vollkorn-Mehl oder pflanzliches
Bindemittel Biobin, Parmesan-Käse,
Milch, Zwiebelsaft, Vollmeersalz
Dangasal, gewiegte Petersilie

Zubereitung:
Den vorbereiteten der Länge nach halbierten Chicorée in Dampf kurz garen oder in wenig Salzwasser. Das Gemüse darf nicht so lange gekocht werden, bis es blau ist. Die Sauce-Zutaten, die mit Milch abgelöscht werden, vom Feuer nehmen, würzen und Käse dazugeben. Dieselbe Sauce eignet sich auch für Lauchstangen, Spargel und Fenchel etc.

37
China-Kohl

Zutaten:
Pro Person eine mittelgroße Stange Kohl
Zur Sauce:
Soya-Sauce Shouyu, Obstessig, Sonnenblumen-Kaltpreßöl, nach Geschmack einige Zehen Knoblauch, Honig, Kümmelpulver

Zubereitung:
Die vorbereiteten in breite Streifen geschnittenen Stauden in wenig Wasser unter Wenden in etwa 5 Minuten dämpfen. Aus den angegebenen Zutaten eine Sauce bereiten. Gemüse vom Feuer nehmen und damit vermengen. Etwas ziehen lassen. Man kann den Chinakohl auch kalt als Beilage oder Salat genießen.

38
Erbsen mit Champignon (D)

Zutaten:
1 Pfund zarte „Zucker"-Erbschen
1 Pfund kleine Champignon
körnige Würze vom Reformhaus
frischen Basilikum oder gerebelten
frische Petersilie
1 Tasse Süßrahm
Eden oder Vitaquell

Zubereitung:
Erbschen aus den Schoten lösen oder extrafeine aus dem Glas verwenden. Frische Erbsen kurz im Dämpfer garen oder in wenig Salzwasser schmoren. Die in Scheibchen geschnittenen Pilze die letzten 3 Minuten mitdämpfen, vom Feuer nehmen, würzen, Rahm und Fett zusetzen und mit Kräutern bestreuen.

39
Fenchel-Gemüse

Zutaten:
Pro Person je nach Größe
1–2 Knollen
Fenchelgrün zum Verzieren
Vollmeersalz Dangasal
zerlassene Sauerrahm-Butter

Zubereitung:
Das Grobe der Knollen entfernen, waschen, vierteln, in Dampf oder

wenig Salzwasser garen, abtropfen lassen und mit flüssiger Butter beträufeln. Dazu Kartoffelbrei reichen.

40
Gedämpfte Gurken (D)

Zutaten:
Pro Person ½ oder eine kleine Gurke schälen, aufschneiden, Kerne entfernen, ein Sträußchen frischer Dill oder gerebelten Dill, Eden, etwas Sahne, Dangasal

Zubereitung:
Die vorbereiteten Gemüsegurken in fingerdicke Würfel schneiden, im Dämpfer garen oder in wenig Wasser. Nicht zu weich schmoren. Vom Feuer nehmen, würzen, Fett, Sahne und frische Kräuter zusetzen. Die Trockenkräuter können mit erhitzt werden.

41
Gefüllte Gurke mit Grünkernschrot

Zutaten:
2 Gemüsegurken geschält, entkernt und halbiert
Zur Füllung:
200 g Grünkernschrot, Gemüsebrühe, Streuwürze Frugola
1 Zwiebel fein gewiegt
2 Zehen Knoblauch fein geschnitten oder gepreßt
Petersilie, Dill, Basilikum, Majoran, Estragon, Parmesankäse,
Fett zum Ausfetten

Zubereitung:
Grünkernschrot in kochende Gemüsebrühe geben und bei kleiner Hitze ausquellen lassen, die gewiegte Zwiebel in wenig Wasser glasig dünsten und mit den anderen zerkleinerten Zutaten in den Schrot geben. Die Fülle in die der Länge nach halbierten Gurken geben, in eine gut gefettete feuerfeste Form geben und mit wenig Gemüsebrühe weichgaren. Zum Schluß mit geriebenem Käse bestreuen, der nur schmelzen soll.

42
Grüne Bohnen (D)

Zutaten:
2 Pfund grüne Bohnen, Bohnenkraut gewiegte Kräuter: Petersilie, Thymian, Majoran, Basilium, alle möglichst frisch.
In gerebeltem Zustand können sie mit gedämpft werden. Eden oder Sauerrahmbutter. Vollmeersalz Dangasal

Zubereitung:
Die zarten Bohnen mit Kräutern im Dämpfer oder wenig Wasser garen.

Vom Feuer nehmen, würzen, Fett zusetzen und mit frischer Petersilie anrichten.

43
Grünkernbrei (D)

Zutaten:
1 Pfund Grünkernschrot, Milchwasser
2 Eßl. Sonnenblumenkerne
2 Eßl. ungeschwefelte Rosinen
Saft von 1 Orange,
abgeriebene Orangenschale,
falls unbehandelt

Zubereitung:
Den Schrot in die kochende Flüssigkeit geben, gut umrühren und auf kleinem Feuer ausquellen lassen. Vom Feuer nehmen und die anderen Zutaten daruntermengen.

44
Hirse mit Lauch (Porree)

Zutaten:
3 Tassen Hirse (gehen 4 × mehr auf)
Gemüsebrühe
4 Stangen zarter Lauch, zerkleinert
Sonnenblumen-Kaltpreßöl
Vollmeersalz Dangasal
Knoblauchpulver
Paprikapulver scharf
Schnittlauch zum Bestreuen

Zubereitung:
Die Hirse wie Gries in kochende Flüssigkeit einlaufen lassen, aufkochen und bei kleiner Hitze ausquellen lassen, je nach Härtegrad des Wassers etwa 15 Minuten. Den Lauch in wenig Gemüsebrühe dämpfen, vom Feuer nehmen, würzen, Fett zusetzen und mit der Hirse vorsichtig vermischen. Mit Schnittlauch bestreuen.

45
Hirsotto (D)

Zutaten:
3 Tassen Hirse, Gemüsebrühe
(Zubereitung wie vor)
Vollmeersalz Dangasal
1 Pfund zarte kleine Champignon,
blättrig schneiden
Saft von 1 Stück Zwiebel
Sauerrahm-Butter, Parmesankäse,
gewiegte Petersilie

Zubereitung:
Die zerkleinerten Pilze in wenig Gemüsebrühe bei guter Hitze und geschlossenem Deckel 3–4 Minuten unter Schütteln dämpfen, vom Feuer nehmen, würzen, Zwiebelsaft und Fett zusetzen, unter die Hirse heben und mit Petersilie bestreut servieren.

46
Karotten-Püree (D)

Zutaten:
1 kg Möhren, etwas Gemüsebrühe
Eden Margarine
Vollmeersalz Dangasal
Petersilie feinst gewiegt
Weizenkeime

Zubereitung:
Die geraspelten Möhren in wenig Gemüsebrühe dämpfen, umrühren, Fett, Salz und Petersilie zusetzen und mit Weizenkeimen bestreuen.

47
Kartoffelbrei aus Pellkartoffeln

Zutaten:
2 kg Kartoffeln
lauwarme Buttermilch
Vollmeersalz Dangasal
feint gewiegte Kräuter oder Kresse oder Dill oder Petersilie oder Basilikum oder ein Stück feinst gewiegte Paprika

Zubereitung:
Die heißgepellten Kartoffeln sofort durchpressen, mit etwas Buttermilch tüchtig schlagen und nach Geschmack mit Kräutern mischen, salzen.

48
Kohlrabi-Gemüse (D)

Zutaten:
Pro Person je nach Größe 3 zarte junge Kohlrabi und das zarte Grün
Sauerrahmbutter, etwas Sahne
körnige Würze Frugola
Saft von 1 Stück Zwiebel

Zubereitung:
Die geschälten und in Scheiben geschnittenen Kohlrabi und die fein gewiegten Kohlrabiblätter im Dämpfer kurz dämpfen oder in wenig Salzwasser garen. Vom Feuer nehmen, würzen, Fett, Sahne und Zwiebelsaft zusetzen.

49
Kürbis-Gemüse

Zutaten:
1 mittelgroßer Kürbis, geschält und gewürfelt
1 fein gewiegte Zwiebel und
2 Zehen Knoblauch
Sonnenblumen-Kaltpreßöl
Obstessig
1 Teel. Honig
Vollmeersalz Dangasal
Paprikapulver scharf
Senfpulver
frische Petersilie zum Bestreuen

Zubereitung:
Das zerkleinerte Gemüse und die Zwiebel im Dämpfer oder wenig Salzwasser garen. Das Gemüse soll al dente bleiben und darf nicht breiig werden. Essig und Honig zugeben. Vom Feuer nehmen, würzen und pikant süßsauer abschmecken. Mit Petersilie bestreuen.

50
Mischgemüse mit Kartoffel-Klößen

Zutaten:
Sellerie, Möhren, Lauch, Rosenkohl, Zwiebel
Knoblauch nach Geschmack
Sonnenblumen-Kaltpreßöl
Streuwürze Frugola
gemischte möglichst frische Kräuter
Gemüsebrühe
Zu den Klößen:
1 kg Pellkartoffeln
1 Eßl. Vollsoja
1 Ei von freilaufenden Hühnern
Vollmeersalz Dangasal
Vollkornmehl, Milch

Zubereitung:
Die gewiegte Zwiebel und die zerkleinerten Gemüse (Rosenkohl nur unten mit Kreuzschnitt versehen, damit er schneller weich wird) im Dämpfer oder wenig Gemüsebrühe garen. Der Rosenkohl muß gerade noch grün sein, sonst kann er blähen. Das Gemüse vom Feuer nehmen, würzen, Öl zusetzen und mit Kräutern bestreuen.
Klöße:
Die am Tag vorher gekochten Kartoffeln schälen, durchpressen und mit den angegebenen Zutaten gut durcharbeiten. Auf gemehltem Brett Klöße formen und in kochendes, leicht gesalzenes Salzwasser 15 bis 20 Minuten garen.

51
Möhren-Sellerie-Gemüse

Zutaten:
1 Pfund Möhren
1 Knolle Sellerie
Distelöl, Streuwürze Frugola
Gemüsebrühe
gemischte frische Kräuter zum Bestreuen

Zubereitung:
Die vorbereiteten Möhren und die geschälte Sellerieknolle (kurz in etwas Zitronenwasser legen, damit sie nicht braun wird), würfeln oder stifteln, dämpfen oder in wenig Gemüsebrühe garen, vom Feuer nehmen, würzen, Öl und Kräuter zusetzen. Zu der Gemüsemischung paßt Hirse besonders gut.

52
Naturreis (D)

Zutaten:
Pro Person ½ Tasse kalt gewaschenen Reis (geht etwa 3 × mehr auf), dann in kochendes Wasser geben und auf kleinem Feuer ausquellen lassen. Der Reis benötigt je nach Härtegrad des Wassers zwischen 25 und 35 Minuten. Nicht den Reis breiig kochen, sondern al dente, nicht im Kochgut herumrühren, sondern wenn er gewürzt werden soll, nur mit der Gabel bearbeiten.

53
Paprika-Nudelsalat

Zutaten:
400 g Vollkorn-Teigwaren
Gemüsebrühe
Sonnenblumen-Kaltpreßöl
4 bunte Paprikaschoten
2 Zwiebeln oder Lauchzwiebeln
2 Zehen Knoblauch
Kräuter der Provence, Walnußöl
Vollmeersalz Dangasal
1 Sträußchen Basilikum und Schnittlauch

Zubereitung:
Teigwaren al dente kochen. Paprikaschoten vorbereiten und zerkleinern, auch Zwiebeln und Knoblauch, dämpfen oder in wenig Gemüsebrühe garen. Vom Feuer nehmen, würzen, Fett und Kräuter zusetzen, mit den Teigwaren vermischen. Falls Paprikaschoten nicht bekommen, sollten sie kurz blanchiert werden in kochendem Wasser, so daß man die Haut abziehen kann. (Ein sehr Vitamin-C-haltiges Gemüse.)

54
Paprika mit Mangold

Zutaten:
Pro Person 1 Paprika (rot, gelb, grün)
Gemüsebrühe, Margarine
1 Pfund junge Mangoldblätter
3 Knoblauchzehen zerschnitten oder zerdrückt
1 fein geschnittene Zwiebel
Paprikapulver scharf
Knoblauchpulver, Eden-Margarine
Vollmeersalz Dangasal

Zubereitung:
Paprika vorbereiten und kleinschneiden. Kurz in Gemüsebrühe dämpfen mit Zwiebel und Knoblauch. Mangoldblätter etwa 5 Minuten blanchieren, grob hacken, danach würzen und mit den Paprikaschoten vermischen, Salzen. Fett zusetzen.

55
Paprika-Käse-Salat

Zutaten:
Pro Person 1 Paprikaschote
(rot, gelb, grün)
Gemüsebrühe, Distelöl
300 g Schafkäse in kleine Würfel
schneiden
Obstessig
1 Sträußchen Basilikum
Paprikapulver scharf und
Knoblauchpulver
Vollmeersalz Dangasal

Zubereitung:
Die vorbereiteten Paprika zerkleinern, in wenig Gemüsebrühe dämpfen, vom Feuer nehmen, würzen und kleingeschnittenen Basilikum, Öl und Schafkäse zusetzen.

56
Polenta mit Gemüse

Zutaten:
Pro Person ½ Tasse Polenta
(Maismehl)
Gemüsebrühe
zerkleinerte Gemüse wie Sellerie
Petersilienwurzel, Möhren
gewiegte Zwiebel dämpfen,
Kürbiskernöl, Petersilie,
Vollmeersalz Dangasal,
frischen Basilikum oder gerebelten
Estragon, Hefepulver zusetzen

Zubereitung:
Maismehl in die kochende Gemüsebrühe einlaufen lassen, tüchtig rühren. Die zerkleinerten Gemüse und Zwiebel getrennt in wenig Gemüsebrühe al dente dämpfen, vom Feuer nehmen, würzen und Öl und frische Kräuter dazugeben. Mit Polenta mischen. Trockenkräuter können mitgekocht werden. Mit Hefepulver bestreuen (Vit.-B-Träger). Auch für dieses Gericht kann Schafkäse verwendet werden.

57
Risotto mit Pilzen und Paprika

Zutaten:
Pro Person ½ Tasse Naturreis
zubereiten wie Rezept „Naturreis“
Gemüsebrühe, Sauerrahmbutter
½ Pfund zarte Champignon
2 Paprikaschoten und
1 Zwiebel zerkleinert
Vollmeersalz Dangasal
Knoblauchpulver
Paprikapulver scharf
gewiegte Petersilie
Sauerrahmbutter

Zubereitung:
Im gekochten Reis nicht herumrühren, al dente kochen. Zwiebel und Paprika in wenig Gemüsebrühe dämpfen, zum Schluß die fein ge-

schnittenen Pilze mitschmoren, vom Feuer nehmen, würzen, die Petersilie und das Fett dazugeben. Diese Mischung paßt auch in Hirsebrei oder Buchweizenschrot. (Verwenden Sie möglichst keine Waldpilze wegen des Bequelgehaltes!)

58
Rote-Bete-Gemüse I

Zutaten:
Pro Person je nach Größe
1–2 Bete-Knollen
2 Äpfel geschält
Vollmeersalz Dangasal
Nelkenpulver nach Geschmack
Gemüsebrühe
Haferflocken
fein geschnittene Zwiebel
Sauerrahm, Schnittlauch

Zubereitung:
Die gekochten, geschälten Bete-Knollen grob raspeln und in Gemüsebrühe mit Nelkenpulver und Zwiebeln fast weich dämpfen, zum Schluß die geraspelten Äpfel dazugeben, mit Haferflocken binden, vom Feuer nehmen, würzen und Sauerrahm und Schnittlauch zugeben.

59
Rote Bete-Gemüse II

Zutaten:
Pro Person je nach Größe
1–2 Bete-Knollen
Gemüsebrühe, Milch, Honig
Kümmelpulver
Vollmeersalz Dangasal, Kürbiskernöl
Spur Cayenne-Pfeffer (falls vertragen)
feingewiegte Petersilie

Zubereitung:
Die in Gemüsebrühe gedämpften, geschälten und kleingewürfelten Knollen mit Milch und Kümmel garen, vom Feuer nehmen, würzen und mit Petersilie bestreuen. Dazu paßt Kartoffelbrei.

60
Schwarzwurzeln (D)

Zutaten:
1 kg Schwarzwurzeln geschält und kurz in Essigwasser gelegt, damit sie nicht braun werden
Vollmeersalz Dangasal
Gemüsebrühe, Sauerrahm
Saft von 1 Zwiebel
Petersilie, Hefeflocken zum Bestreuen

Zubereitung:
Die vorbereiteten Schwarzwurzeln in etwa halbfingerlange Stücke schneiden und im Dämpfer oder wenig Ge-

müsebrühe weichgaren. Vom Feuer nehmen, würzen, Zwiebelsaft und Sauerrahm dazugeben. (Nach üblichen Methoden gedüngtes Gemüse kann blähen!)

61 Sellerie-Gemüse (D)

Zutaten:
Je nach Größe 2–3 Knollen Sellerie, geschält, gewaschen und zerkleinert
Gemüsebrühe, Zitronensaft
Selleriesalz, Sauerrahm
Eden-Margarine, gewiegte Petersilie
Zwiebelsaft, Hefeflocken

Zubereitung:
Das vorbereitete Gemüse in wenig Gemüsebrühe mit Zitronensaft dämpfen. Al dente garen. Vom Feuer nehmen, würzen und Rahm, Fett, Zwiebelsaft und Petersilie zusetzen, mit Hefeflocken bestreuen.

62 Spinat (D)

Zutaten:
1 kg Spinat geputzt
junge Brennesselblätter fein gewiegt
Vollkornmehl
Milch und Vollsoja zum Anrühren

Zum Würzen:
Hefe-Extrakt Vitam-R
Saft von 3 Zehen Knoblauch
Muskat gerieben und Rahm

Zubereitung:
Den vorbereiteten Spinat in wenig Milch dämpfen bis er zusammenfällt, binden mit in etwas Milch angerührtem Mehl und Soja, durchkochen lassen. Vom Feuer nehmen, würzen, feinst gewiegte Brennesselblätter roh zusetzen (oder rohe Spinatblätter) und zum Schuß den Rahm unterziehen.

63 Zucchetti-Auberginen-Gemüse

Zutaten:
Je nach Größe pro Person
1–2 Zucchetti, möglichst jung und zart, gut waschen und die Enden abschneiden
Pro Person 1 Aubergine waschen und schälen
Gemüsebrühe
1 große Zwiebel feingehackt
Hefe-Extrakt Vitam-R
1 Sträußchen Dill
Rosmarin, Petersilie
Paprikapulver scharf
3 Zehen Knoblauch fein geschnitten oder gequetscht
Eden-Margarine

Zubereitung:
Die vorbereiteten Gemüse in wenig Gemüsebrühe dämpfen, mit der Zwiebel und dem Knoblauch, ein Teil vom Dill garen. Gemüse nicht zu weich garen. Vom Feuer nehmen, würzen, Dill und Fett zusetzen.

64
Zucchetti-Gemüse (D)

Zutaten:
Pro Person 1 Zucchetti, Enden abschneiden, gut waschen und in dicke Scheiben oder Würfel schneiden
Zwiebelsaft, Gemüsebrühe
Sonnenblumen-Kaltpreßöl
Dill, Rosmarin, Petersilie
Hefe-Extrakt Vitam-R

Zubereitung:
Die zerkleinerten Zucchetti in Gemüsebrühe dämpfen, vom Feuer nehmen, würzen, Fett, Zwiebelsaft und Kräuter zusetzen.

Bei der Rohkost und den Gemüsegerichten werden Tomaten und ihr Püree weggelassen. Nach Prof. Dr. August Stemmen haben Tomaten agressive Allergene und nach Dr. Steiner haben sie eine Wucherungstendenz, die das Wachstum eines Geschwulstes unterstützen können.

65
Birnen-Creme (D)

Zutaten:
1 Pfund Quark, Milch zum Verrühren
2 reife Birnen schälen,
Gehäuse entfernen, Honig
1 Eßl. Mandelmus, Ceylon-Zimt

Zubereitung:
Birnen mit der Gabel fein schaben und mit Mandelmus, Honig und Zimt unter den cremigen Quark mischen.

66
Birnen-Dessert (D)

Zutaten:
2 reife Birnen, geschält, halbiert
und vom Gehäuse befreit
ungesüßtes Preiselbeer-Kompott
zum Füllen, 1 Pfund Quark

Zubereitung:
1 Pfund Quark, Kompott-Saft zum Glattrühren, Honig, Ingwer-Pulver nach Geschmack. Quark-Creme auf Teller anrichten, die halbierte Birne daraufsetzen und mit Kompott füllen.

67
Heidelbeer-(Blaubeer-Quark) (D)

Zutaten:
1 Pfund Quark
Heidelbeer-Muttersaft zum
Glattrühren
frische Heidelbeeren oder
Kompott, Honig, geriebene
Hasel-Nüsse zum Bestreuen

Zubereitung:
Quark, Honig und Saft zu einer Creme anrühren, entweder mit frischen Beeren mischen oder Kompott unterziehen, mit Haselnüssen bestreuen.

68
Brombeer-Quark (D)

Zutaten:
1 Pfund Quark
Brombeer-Muttersaft zum
Glattrühren
Honig, frische Brombeeren
Linomel zum Bestreuen

Zubereitung:
Quark, Saft und Honig zu einer Creme verrühren und mit frischen Beeren und Linomel verzieren.

69
Erdbeer/Himbeer-Creme (D)

Zutaten:
1 Pfund Quark
1 Sanoghurt, Honig
½ Pfund frische Beeren
Vanillepulver

Zubereitung:
Quark mit der Hälfte Sanoghurt, Honig und Vanillepulver cremig rühren, die Hälfte der Beeren mit dem Rest Sanoghurt mixen und unter die Creme ziehen, mit dem Rest der geviertelten Beeren die Creme verzieren.

70
Grapefruit-Creme (D)

Zutaten:
1 Pfund Quark
1 Grapefruit (Pampelmuse)
1 Banane
Saft von ½ Grapefruit
½ Grapefruit zerkleinert
Honig, etwas abgeriebene Zitronenschale, falls unbehandelt
Knusperflocken zum Bestreuen

Zubereitung:
Quark, Grapefruitsaft, Honig, abgeriebene Zitronenschale und fein pürierte Banane zu einer dickflüssigen Creme rühren, zerkleinerte Frucht unterheben und mit Knusperflocken bestreuen.

71
Holunder-Beeren-Quark

Zutaten:
1 Pfund Quark
Holunder-Muttersaft zum Verrühren
1 Eßl. Mandelmus
Honig, frische Beeren, Linomel

Zubereitung:
Quark, Mandelmus, Honig und Saft entweder mixen oder gut verrühren, 1 Handvoll frischer Beeren (am besten unmittelbar im Garten gepflückt) unterziehen. Mit Linomel bestreuen.

72
Kirschenspeise

Zutaten:
1 Pfund Quark
1 Handvoll Schattenmorellen entsteint
Milch (evtl. Schafmilch) zum Verrühren
Haselnußmus, Honig
Ceylon-Zimt
Mandelstifte zum Verzieren

Zubereitung:
Alle Zutaten außer den Kirschen und Mandelstiften zu einer Creme verrühren, Kirschen in Schalen anrichten, Creme darübergeben und mit Mandelstiften verzieren.

73
Mango-Vollfrucht (Der schnelle Quark)

Zutaten:
Mango-Vollfrucht
1 Pfund Quark
Honig

Zubereitung:
Mango-Vollfrucht ist ungesüßt. Nach Geschmack Honig. Soviel Vollfrucht in den Quark hineingeben, daß die Creme gelb aussieht. Nach Belieben bestreuen mit Sonnenblumenkernen, Nüssen, Kusperflocken.

74
Obst-Salat (D)

Zutaten:
1 frische Melone
1 frische Ananas
je nach Größe 2–3 Äpfel
kernlose kleine Weintrauben
Honig

Zubereitung:
Die geschälten zerkleinerten Früchte mit Honig vermischen, mit Trauben verzieren. Eventuell mit einem Klacks Schlagsahne versehen.

75
Orangen-Creme (D)

Zutaten:
1 Pfund Quark
Saft von 1 Orange
2 Orangen zerkleinert
Honig
etwas Abgeriebenes von Zitronenschale, falls unbehandelt, zum Verzieren Linomel

Zubereitung:
Quark, Orangensaft, Honig und Zitronenschale zu einer Creme mixen oder verrühren, in Schale die zerkleinerten Orangen geben und mit der Creme begießen, mit Linomel verzieren.

76
Sanddorn-Creme

Zutaten:
1 Pfund Quark
Sanddorn Vollfrucht Weleda
Honig, Milch zum Verrühren
1 säuerlicher Apfel, geschält,

Quark-Nachspeisen für 4 Personen

vom Kernhaus befreit
Ingwerpulver
zum Verzieren ungeschwefelte
Rosinen vorgeweicht
Mandeln

Zubereitung:
Eine dickflüssige Creme herstellen, sie muß gut gelb aussehen, mit dem Apfel, grob gerieben, Honig und Ingwerpulver vermischen. Verziert servieren. (Sanddorn gibt es ungesüßt, mit Fructose, Honig und Industriezucker gesüßt. Der ungesüßte von Weleda hat das meiste Vitamin-C.)

Auf gekochte Nachspeise wurde verzichtet, da eine Quarkcreme bedeutend vitalstoffreicher ist.

77
Apfel-Sellerie-Quark

Zutaten:
½ Pfund Quark
1 geschälter und geriebener Apfel
dieselbe Menge geriebener Sellerie
etwas Zitronensaft
kalt gepreßtes Leinöl
Selleriesalz

Zubereitung:
In den mit Leinöl vermischten Quark alle Zutaten einarbeiten.

78
Gurken-Quark

Zutaten:
½ Pfund Quark
2 geraspelte milchsaure Dillgurken
frischer Dill
kalt gepreßtes Leinöl
Vollmeersalz Dangasal
etwas Milchsäure der Dillgurken zum Verrühren

Zubereitung:
Quark, Milchsäure und Leinöl verrühren, würzen und die anderen Zutaten darunter mischen.

79
Hefe-Quark

Zutaten:
½ Pfund Quark
etwas Buttermilch zum Anrühren
Zwiebelsaft
Hefe-Extrakt Vitam-R

Zubereitung:
Alle Zutaten gut verrühren.

80
Kräuter-Quark

Zubereitung:
½ Pfund Quark, fein gewiegte Zwiebel, etwas Buttermilch oder Schafmilch zum Anrühren, frische Kräuter wie Dill, Beinwell, Majoran, Bohnenkraut, Basilikum, Zitronenmelisse, Estragon. Falls Trockenkräuter verwendet werden, möglichst gerebelt nehmen. Sie sind aromatischer als pulverisierte. Die Kräuter können auch einzeln verwendet werden.

81
Meerrettich-Quark

Zutaten:
½ Pfund Quark
etwas Buttermilch zum Anrühren
Vollmeersalz Dangasal
frisch geriebener Meerrettich

Zubereitung:
Quark anrühren, würzen und den Meerrettich sofort unterziehen, da er offen sehr viel Vitamin-C verliert.

82
Milchsaurer Quark

Zutaten:
½ Pfund Quark
etwas Milchsäure zum Anrühren
kalt gepreßtes Leinöl
zerkleinertes milchsaures Gemüse
Knoblauchpulver, Schnittlauch

Zubereitung:
Den angerührten Quark würzen, mit zerkleinertem milchsaurem Gemüse mischen und mit Schnittlauch bestreuen. Paßt auch zu Pellkartoffeln.

83
Rettich-Quark

Zutaten:
½ Pfund Quark
Buttermilch zum Anrühren
fein geriebener Rettich
Vollmeersalz Dangasal

Zubereitung:
Alle Zutaten mit dem geriebenen Rettich gut vermischen.

84
Rote Bete-Pulver-Quark (D)

Zutaten:
½ Pfund Quark
Buttermilch zum Verrühren
rote Bete-Pulver
Knoblauchpulver
Vollmeersalz Dangasal
Thymian, Liebstöckel (sparsam)

Zubereitung:
Quark, das angerühre Betepulver und die anderen Zutaten gut vermischen.

85
Rote Bete-Quark

Zutaten:
½ Pfund Quark
2 Eßl. zerkleinerte milchsaure Bete
etwas Milchsäure der Bete
zum Anrühren
Zwiebelsaft, Kümmelpulver
Kräutersalz, Schnittlauch

Zubereitung:
Alle Zutaten mit der Bete gut vermischen.

86
Sellerie-Quark (D)

Zutaten:
½ Pfund Quark
zerkleinerter milchsaurer Sellerie
etwas Milchsäure zum Anrühren
Knoblauchsaft, Selleriesalz

Zubereitung:
Alle Zutaten gut vermischen.

87
Sanoghurt-Mix

Zutaten:
1 Becher Sanoghurt (150 g)
1 Eßl. Quark
milchsaurer Bete-Most zum Verrühren
Bierhefepulver

88
Brennessel-Mix

Zutaten:
1 Eßl. Quark
Brennesselsaft entweder frisch oder aus der Flasche
Buttermilch zum Verrühren
Knoblauchsaft von 1 Zehe
Vollmeersalz Dangasal

89
Hagebutten-Mix

Zutaten:
1 Eßl. Quark
rohe Vorzugsmilch zum Verrühren
2 Eßl. ungesüßtes Hagebuttenmark (Eden)
Honig, Zitronensaft

90
Kräuter-Mix

Zutaten:
1 Glas Schafmilch etwa 200 g, entrahmt
1 Eßl. Quark
1 Teel. kalt gepreßtes Leinöl
reichlich feinst gewiegte Kräuter
Hefe-Extrakt Vitam-R

91
Kresse-Mix

Zutaten:
1 Eßl. Quark
Buttermilch zum Verrühren
Hefe-Extrakt Vitam-R
1 handvoll feinst gewiegte Kresse
Sofort unterrühren, sonst geht das Aroma weg

92
Mango-Mix

Zutaten:
etwa ½ Liter Schafmilch mit Mango-Vollfrucht mixen (ist ungesüßt), nach Geschmack mit Honig und Ceylon-Zimt würzen

93
Meerrettich-Mix

Zutaten:
1 Becher Sanoghurt oder dieselbe Menge Dickmilch
Saft 1 Orange
1 Teel. Sanddorn-Ursaft
Honig
feinst geriebener Meerrettich

94
Rote-Bete-Pulver-Mix

Zutaten:
1 Becher Sanoghurt
1 Eßl. Quark
1 Eßl. Bete-Pulver
Saft von 1 Stück Zwiebel
Vollmeersalz Dangasal

95
Sellerie-Mix

Zutaten:
1 Eßl. Quark
Sellerie-Most zum Verrühren
Kürbiskernöl
Zwiebelsaft von 1 Stück Zwiebel
Selleriesalz

Die allerschnellsten Mixgetränke ergeben Milch mit Sanddorn-Vollfrucht, Mango-Vollfrucht, Heidelbeer-Vollfrucht, Ananas-Vollfrucht.

96
Bananen-Brei

Zutaten:
1 Banane fein püriert
Mandelmus
Saft von ½ Zitrone
Honig

97
Brombeer-Mix oder Erdbeer-Mix

Zutaten:
Etwa 200 g Brombeer- oder Erdbeer-Muttersaft
dieselbe Menge Walser Mineralwasser
Mandelmus, Honig
Bourbon-Vanille-Pulver

98
Grapefruit-(Pampelmuse)-Mix

Zutaten:
Saft von 1 Grapefruit
1 Stück fein geschabte Banane
Honig, Ceylon-Zimt

99
Heidelbeer-Mix (D)

Zutaten:
etwa 200 g dünner Haferschleim mit Wasser gekocht, ohne Zucker und Salz
dieselbe Menge Heidelbeer-Muttersaft
Honig, Ceylon-Zimt
Dieses Getränk ist für Magenempfindliche geeignet

100
Holunder-Mix (D)

Zutaten:
Wie vor kann der Holunder-Muttersaft eventuell mit Leinsamenschleim zubereitet werden

101
Karotten-Mix

Zutaten:
etwa 200 g frischgepreßter Karotten-Saft oder milchsaurer Karotten-Most
Mandelmus, Zitronensaft, Honig

102
Mandarinen- oder Orangen-Mix

Zutaten:
frisch gepreßter Saft von 2 Orangen
oder je nach Größe 4 Mandarinen
Mandelmus, Honig, Weizenkeime

103
Rote-Bete-Mix I

Zutaten:
frisch gepreßter Saft von roter Bete,
Äpfeln und Karotten
es können auch milchsauer vergorene
Moste genommen werden und
der Apfelsaft (Cox orange) dazugegeben werden

104
Rote-Bete-Mix II

Zutaten:
Zu gleichen Teilen:
Saft von roter Bete, Möhrensaft
Sellerie-Most, Kümmelpulver

105
Rote-Bete-Mix III

Zutaten:
Rote-Bete-Most und frisch gepreßter
Apfelsaft zu gleichen Teilen
Spur geriebener Meerrettich

106
Sanddorn-Mix

Zutaten:
1 Eßl. Sanddorn-Ursaft (ist ungesüßt)
Saft von 2 Orangen
ein Stück fein geschabte Banane
Honig, Nußmus

Schema für einen Tagesplan der Dauerkostform

Nüchtern: 200 g milchsaurer Bete-Most (nicht aus dem Kühlschrank), langsam trinken (einspeicheln).

Frühstück: Kräutertee möglichst mit Brennesselsaft, etwa 3 Eßl. Müsli (siehe Rezepte), bei Bedarf noch Knäckebrot oder feingeschrotetes Weizenvollkornbrot, Reform-Margarine, Quark mit Kräutern, Kümmel oder Zwiebel.

Zwischenmahlzeit: 150 g Bete-Most mit Walser Mineralwasser verdünnt, evtl. Haferkeks oder Knäckebrot.

Mittagessen: reichlich Rohkost (Wurzel, Blatt, Blüte), sehr gut gekaut (gut gekaut ist halb verdaut), Rohkost vor Kochkost.

Warmer Gang: Gemüse nach Rezepten, dazu Hirse, Dinkel, Naturreis, Grünkern, Kartoffelgerichte, Teigwaren.

Dessert: Quarkcreme nach Rezepten.

Zwischen-Mahlzeit: siehe Rezepte.

Abendessen: frisches Obst nach Jahreszeit, feinschrotiges Vollkornbrot, Reformhaus-Margarine, Quark, Käse wie Camembert, Brie. Keine Scheiben- oder Hartkäse, weil sie schwer verdaulich sind.

Zur Nacht: Noch mal Bete-Most oder ein anderer milchsauer vergorener Most.

Rezeptverzeichnis